NEW 행복한 구역

"주의 법을 사랑하는 자에게는
큰 평안이 있으니 그들에게
장애물이 없으리이다"
(시 119:165)

52주 구역공과 시리즈 **개역개정판**

NEW 행복한 구역

예수사랑

◈ 머리말 ◈

「버나드 쇼」라는 사람은 행복에 대하여서 "행복이란 내가 추구한다고 해서 얻어지는 것이 아니라, 행복은 오히려 내가 자신을 남에게 주느라고 여념이 없을 때에 슬쩍 찾아오는 것이다"라는 말을 했다.

우리는 예수를 믿는다고 하면서도 참된 인생의 행복은 내가 더 많은 것을 소유하는 데 있다는 착각을 하기 쉽다. 그러나 성경에서의 행복에 대한 원리는 우리가 어떤 것을 소유하는 데서 얻어지는 것이 아니라, 내가 받은 바 은혜를 다른 사람들에게 전해 줄 때에 행복하게 된다는 데에 있다.

이번에 새로이 개정된 『행복한 구역』이라는 구역공과는 그 초점이 신앙생활을 하는 성도들이 어떻게 하면 주님의 몸된 교회를 중심으로 해서 신앙생활의 행복을 만들어 갈 것인지에 맞추어져 있다. 여기서 신앙의 행복은 자신이 섬기는 교회에서 자기 생각을 따라서 주장하는 데 있지 않으며, 오히려 주님의 몸된 교회와 목회자 그리고 성도들, 더 나아가서는 이웃의 불신 영혼을 사랑하고, 해외 선교지를 향하여 자신을 열어 베푸는 삶에서 찾을 것을 본 구역공과는 강조한다.

이제 우리는 새로운 해를 맞이하여 이제까지의 게으르고 나태한 신앙의 모습을 탈피하여 지나간 과거를 과감히 청산하고, 주님이 기뻐하시는 새로운 모습으로 믿음의 발걸음을 힘차게 뻗어 나아가야 한다. 성도들 각 사람들과 모든 지교회들이 이번 한 해에 주님이 주시는 놀라운 은혜와 축복의 주인공이 되어 하나님의 영광을 밝히 드러내기를 간절히 소원하는 바이다.

끝으로 본 구역공과가 나오기까지 해산의 수고를 함께하여 주신 모든 분들에게 진심으로 감사를 드리고, 본 구역공과를 사용하는 교회와 구역들이 날마다 부흥하는 역사가 일어나기를 소원한다.

도서출판 예수사랑 편집부

◈ 교재의 활용방법 ◈

1. 본 구역공과는 매 주마다 한 과씩 1년 동안 활용할 수 있도록 편집되었다.

2. 본 구역공과는 설교식으로 한 사람이 진행하는 것이 아니라, 전 구역원이 구역예배 속에 모두 참석하여 한 사람씩 돌아가며 읽고, 성경을 찾아보며, 그 말씀을 확인해 가는 방법으로 되어 있다. 그러므로 가능한 대로 본 교재를 전 구역원 각자가 지참하도록 하는 것이 좋을 것이다.

3. 본 구역공과를 사용하기 위해서는 각 구역에 1명씩의 구역교사를 필요로 한다. 구역교사는 미리 본 공과의 주요 내용을 담임 목회자를 통해서 충분히 숙지한 후, 구역예배에서 구역원들이 한 대지씩 읽은 다음에 구역공과의 주요 내용을 부연하여 강조하며 설명하는 식으로 진행하는 것이 효과적이다. 그리고 공과 내용을 읽고 설명한 다음에는 또다시 "그럼 성경을 찾아봅시다!"라고 하여 성경을 찾아 읽고 그 말씀의 핵심 진리를 가지고 재차 강조하며 진행한다면, 구역원들이 말씀을 확인하면서 은혜를 받고, 또다시 설명을 할 때 듣고 큰 은혜를 받게 될 것이다.

4. 기타 구역예배 순서나 친교, 기도회 등 구역인도 요령은 기존에 하던 방법 그대로 보완하여 진행하면 될 것이다.

Contents

IV. 헌금과 축복

V. 영성과 은사

VI. 섬김과 행복

Ⅶ. 생활과 칭찬

Ⅷ. 청지기와 헌신

Ⅸ. 절기와 축복

제1과

이렇게 꿈을 가지라

- 본문 / 창세기 37:5-11 (p.56)
- 찬송 / 550, 552, 502

할렐루야! 전도합시다!

비전

새로운 광명이 온누리에 희망차게 비춘다. 모든 그리스도인에게 빛이 비추어져서 희망과 환희로 충만해져야 한다.

비전은 보이지 않는 것을 마음속에 그리는 것을 뜻한다. 주님께서 각자에게 주신 소망함이 있다. 보이지 않아 두렵고, 때로는 없는 것처럼 느껴질 때가 많다. 그럴 때마다 가슴에 품은 소망의 끈을 붙들고 기대하며 앞을 향해 나아가야 한다. 또한 하나님이 주신 복음의 비전을 나누며 살아가는 행복한 생활이 되어야 한다.

그렇다면, 그리스도인들의 비전은 어떻게 찾아야 하는가?

1. 하나님께로부터 오는 꿈을 가지라

사전적 의미로 꿈(Dream)이란 말은 '비전', '환상', '이상' 등을 뜻한다. 구약에서는 꿈을 통하여 인간에게 하나님께서 자신을 계시하셨다. 요셉은 하나님께로부터 오는 꿈을 받은 사람이다. 요셉이 꿈을 꾸고 형제와 부모에게 말한 것은 인간 자신이 스스로 꿈을 꾼 이야기가 아니기 때문이다.

분명히 하나님께서 요셉에게 곡식단의 꿈과 해, 달, 별의 꿈을 주신 것이다. 장래 하나님의 구원을 요셉에게 베풀어주실 원대한 하나님의 계획을 요셉에게 꿈으로 계시하신 것이다.

오늘날 신약시대 이후의 꿈의 형태는 다르다고 할지라도 하나님의 계획을 그리스도인의 생애에 받아들이는 믿음은 동일한 것이다. 우리 앞에는 무한한 하나님의 뜻과 계획이 펼쳐져 있다. 하나님께서는 그리스도인들의 개개인의 믿음과 은사에 따라 '꿈'을 주신다. 예수님은 "너희는 세상의 빛이요 소금이라"고 말씀하신다. 새로운 한 해에도 복음의 빛을 이 땅에 비추어 하나님께 영광 돌리는 행복한 생활이 되어야겠다.

다음을 읽어 봅시다.

☞ 창 35:6-7, 9을 읽으시오. (p.56)

....

....

....

2. 역경을 이길 꿈을 가지라

요셉은 꿈을 꾼 후 하나님께서 자신에게 보여 주신 꿈을 자랑스럽게 형들과 부모님께 말하였다. 다른 형제들은 요셉의 꿈에 대한 이야기를 듣고 몹시 분개하였고 미워하게 되었다. 형들은 요셉을 시기하며 분한 감정을 삭히지 못하여 미디안 상인들에게 팔아넘겼다. 이후 요셉의 생활은 역경과 시련이 많았지만,

요셉은 낙심이나 절망하지 아니하였다.

보디발 아내의 유혹도 이겨내었으며, 더욱 믿음의 대장부가 되었고, 하나님의 은혜가 요셉에게 임하였다. 요셉이 노예생활에서 수치와 모욕에 대해서도 견딜 수 있었던 것은 하나님이 주신 '꿈' 에 대한 그의 믿음 때문인 것이다.

이제 한 해의 시작이다. 올해는 요셉과 같이 시련을 잘 참아 나아가는 은혜가 충만한 생활이 되어야 한다.

다음을 읽어 봅시다.

☞ 요 16:33을 읽으시오. (p.177)

....

....

....

☞ 롬 8:37을 읽으시오. (p.250)

....

....

....

3. 은혜를 증거하는 꿈을 가지라

하나님께서는 꿈을 잃어버리지 아니하는 요셉에게 은혜를 주셨다. 하나님께서 요셉과 함께하시며 범사에 그를 형통하게 해 주셨고, 요셉을 위하여 애굽 사람의 집까지 복을 주셔서 보디발의 집과 밭에 있는 모든 소유가 더욱 풍성하게 되었다. 그뿐만 아니라 요셉에게 지혜를 주셔서 술 맡은 장관과 떡 맡은 장관의 꿈을 해몽하게 하셨다. 그리고 2년 후에 바로의 좋은 암소와 흉한 암소와 충실한 일곱 이삭과 마른 일곱 이삭을 통한 꿈을 해석하게 되었다. 하나님께서는 바로의 마음을 감동시켜 요셉을 애굽의 총리로 삼으시고 그의 신하들도 좋게 여겼다.

요셉은 바로에 의해 두 번째로 높은 총리의 지위에 올라 나라의 정사를 지혜롭게 행하여 7년 흉년 시 애굽뿐 아니라, 형제와 부모를 구원하는 하나님의 역사를 이루게 된 것이다.

☞창 45:5을 읽으시오. (p.71)

☞고전 15:10을 읽으시오. (p.281)

나눔의 시간

1. 오늘의 말씀을 통해 느낀 점을 말해 봅시다.

2. 새해의 비전을 이야기해 보고, 함께 기도하도록 하자.

제2과

이렇게 구역을 부흥시키라

- 본문 / 히브리서 4:16 (p.256)
- 찬송 / 182, 183, 184

할렐루야! 전도합시다!

교회 구역의 중요성

오늘날 교회마다 구역모임의 쇠퇴로 걱정하는 소리가 높아지고 있다. 그러나 구역의 부흥은 하나님의 절대적인 뜻이다. 지상에 생명을 가진 모든 존재는 최하 단위조직인 세포로 되어 있다. 그 자체가 생명체로서 성장하고 번영한다.

지상교회는 그리스도의 생명체요, 성 삼위께서 내재하시며 능력으로 지배하신다. 그러므로 교회는 특별한 생명을 가지고 움직이는 기관이다. 그렇기 때문에 교회는 세밀한 조직체로 구성되어진다. 교회의 가장 기본적인 조직이 바로 구역을 나누어 운영하는 것이다.

이렇게 구역을 운영할 때 종적으로는 모든 성도들이 목회자의 지도를 받게 되고, 횡적으로는 성도들끼리 친교, 단결, 협력의 아름다움을 가지는 것이다. 이렇게 함으로써 성도의 의무를 이행케 되고, 교회가 부흥하고 성장하게 된다.

그러나 만일 교회의 전 지역 중 어느 한 지역이 구역으로 조직되지 않게 되면, 그 지역에는 헛점이 생기고 구멍이 뚫린 격으로 발전도, 성장도 있을 수 없게 된다. 그러므로 구역조직은 교회의 성장발전에 아주 중요하다.

1. 전 구역원들이 모이기를 힘쓰라

숯불이나 장작불도 헤치면 꺼지고, 모으면 맹렬히 붙는 것처럼, 구역 성도들이 함께 모이기를 힘쓰면 반드시 그 구역원들이 힘을 얻고 구역이 부흥될 것이다.

루터는 "성도의 기도는 화로에서 타는 장작더미의 불길"이라고 하였다. 이처럼 그리스도인의 모임은 성령의 역사이다. 주님도 두세 사람이 모이는 곳에 그들 중에 함께 계신다고 하셨다.

구역원들은 모이기를 힘써야 한다. 그래야 믿음이 증진되고 구역이 활성화되고 교회가 부흥된다. 히브리서 기자도 모이기를 폐하는 자들의 습관을 좇지 말라고 하였다.

☞ 히 4:16을 읽으시오. (p.356)

....

....

....

2. 개인의 특별한 소원을 위해 함께 기도하라

구역모임의 장점 중 하나는 개개인의 기도를 나눌 수 있다는 데에 있다. 구역장은 전 구역원을 위해서 기도하고 구역원들은 상호 간의 기도를 중보할 때에 성도 간의 영적 교제는 친밀하며 깊어지게 된다.

다음을 읽어 봅시다.

☞ 마 18:19-20을 읽으시오. (p.30)

....

....

....

3. 서로 동정하여 사랑하기를 힘쓰라

한 구역 성도들이 그리스도 안에서 친형제 이상 다정한 사이가 되어질 때 헤어지거나 서로 떨어지기 싫어할 것이다. 여기서 상부상조하여 경조사 때 한 구역 성도들이 함께 기뻐하며 슬퍼하고 도울 일을 서로 돕게 됨으로써 큰 위로와 힘이 된다.

다음을 읽어 봅시다.

☞ 롬 13:8을 읽으시오. (p.257)

....

....

....

4. 전도운동을 하라

아직 믿지 않는 이웃의 구령목표를 정하고, 그 일을 위해 전 구역원이 힘써야 한다. 모든 구역의 회원은 전도 책임량을 정하여 기도하며 전도하자. 그리고 자기가 전도한 그 사람을 위하여 매일 기도하라. 각자 자기 전도 대상자와 친밀히 교제하며 어려운 일에 협력하고 권유하라. 전도 대상자를 구역예배에 인도할 수 있도록 최선의 방안을 강구하면 부흥되는 구역이 될 것이다.

다음을 읽어 봅시다.

☞ 행 1:8을 읽으시오. (p.187)

나눔의 시간

1. 오늘의 말씀을 통해서 느낀 점을 말해 봅시다.

2. 당신의 생각하는 구역의 부흥은 어떤 것인지 말해 봅시다.

제3과

이렇게 신앙생활을 하라

- 본문 / 데살로니가전서 5:16-18 (p.333)
- 찬송 / 95, 310, 283

할렐루야! 전도합시다!

새로운 마음으로

새로운 해를 맞이하여 기독교인들 역시 영적으로 새롭게 준비하여야 한다. 우리가 맞이할 미래는 겉으로 보기에는 아름답고 희망에 차 있으며, 살기 좋은 세상으로 발전되어가는 것처럼 보이지만, 사실 영적인 안목에서 보면 우리가 깨어있지 않으면 안 될 정도로 영적인 혼란의 시대로 자꾸만 달려가고 있다. 그렇기 때문에 우리가 우리의 영적 신앙의 줄기를 놓쳐버리고, 세상의 화려함에 빠지게 되면 우리의 신앙생활은 병들고 메말라서 돌이킬 수 없을 정도로 바뀔 수 있다. 그렇다면, 앞으로 우리가 신앙생활을 어떻게 하면 좋을지 생각해 보자.

1. 시대를 보는 안목을 키우라

그리스도인이 성경을 열심히 읽는 것은 매우 중요하다. 그러나 이외에도 세상의 신문이나 잡지, 기타 서적들을 많이 읽어야 한다. 이것은 이 세상과 시대가 어떻게 돌아가는지를 보여 주는 매체들이다. 그리고 세상의 모든 매체들은 성경에서 주님께서 말씀하시는 것들이 어떻게 이루어져 가고 있는지를 보여 주는 제2의 성경 역할을 하고 있다. 그러므로 그리스도인이 이 세상에서 복음을 가지고 빛과 소금의 역할을 바로 하려면, 깊이 말씀을 읽고, 깊이 기도하며, 깊이 묵상하면서 이 시대를 보는 영적인 안목을 길러야 한다.

다음을 읽어 봅시다.

☞ 빌 3:15-16을 읽으시오. (p.321)

....

....

....

2. 시대를 위한 영적인 준비를 하라

우리가 믿는 하나님은 과거에도 일하셨고, 미래에도 일하실 것이며, 마찬가지로 지금도 일하는 하나님이시다.

하나님의 일은 역사 속에서 진행되어 왔다. 하나님은 각 시대에, 그 시대를 위해서, 그때마다 필요한 일꾼을 불러서 하나님을 위해 일하게 하셨다.

하나님은 어떤 사람을 통해서 일하시는가? 우리가 믿는 하나님은 오늘은 비록 힘들고 어려울지라도 포기하지 않고, 미래를 내다보면서 자기의 시대를 위해서 준비하는 사람을 들어 쓰신다. 특별히 그리스도인들에게는 이 시대에 필요한 세상적인 준비도 필요하지만, 그 무엇보다도 이 시대를 위한 영적인 준비가 필요하다.

그렇다면, 우리에게 이 시대를 위해서 영적인 준비가 필요한 이유는 무엇인가?

☞ 고전 2:13-14을 읽으시오. (p.264)

※ 이 시대를 위해 영적인 준비는 무엇으로 할 것인지, 예수님께서 베드로에게 다가올 미래를 위한 준비에 대하여 가르친 내용을 알아보자.

☞ 마 26:40-41을 읽으시오. (p.47)

3. 주님의 뜻을 구하는 삶을 살라

영국의 유명한 설교자 스펄전 목사는 성도들이 하나님 나라에 가는 두 개의 날개는 '기도와 찬송의 날개'라고 하였다. 5세기의 기독교 사상가였던 어거스틴은 그의 반평생 동안 하나님을 거역하는 삶을 살았으나, 어머니의 기도로 회개한 다음에 하나님을 위해서 일하면서 "하나님은 우리가 구하고 찾고 문을 두드리는 것을 채워주실 근원이 되신다"라고 했다.

그렇다면, 성경에서 가르치는 성도의 신앙생활 3가지는 무엇인가? 생각해보고 하나님께 칭찬받는 신앙생활과 구역을 부흥시키는 성도가 되자.

☞ 살전 5:16-18을 읽으시오. (p.333)

나눔의 시간

1. 오늘의 말씀을 통해 느낀 점을 말해 봅시다.

2. 당신의 신앙생활에서 부족한 부분을 한 가지씩 생각하여 말해 보고, 해결방법을 찾아보자.

제4과

이렇게 종말을 대비하라

- 본문 / 마태복음 24:1-7 (p.40)
- 찬송 / 176, 177, 180

할렐루야! 전도합시다!

성경에서 말하는 종말

이 세상의 종말이 있다고 하는 문제는 어제 오늘의 관심사가 아니고, 기독교 초기시대부터 지금까지 약 2천 년 동안 계속되어 온 관심의 문제이다. 종말 문제에 있어서 오늘날이 기독교 초기시대와 다른 점이 있다면, 기독교 초기시대에는 신자들만의 초유의 관심거리였다고 할 수 있는 반면에, 그로부터 2천 년이 지난 오늘날에는 믿는 자나 불신자를 막론하고 모든 사람들의 공통의 관심사라는 사실이 다르다고 할 수 있다.

역사의 종말에서 우리가 분명 한 가지 집고 넘어가야 할 것이 있다. 성경에서 말하는 종말 사건은 신비주의자들이 주장하는 것과 같은 시한부 종말론에 대하여서는 말하지 않는다는 사실이다.

요즘 세상에 대하여 "종말이다!" 또는 "말세야!" 라는 말들이 세인의 입에서 더욱 많이 흘러나오고 있다. 그렇기 때문에 기독교인들은 성경적인 종말신앙으로 무장되어 있어서 어떠한 미혹에도 흔들리지 않아야 한다.

1. 종말의 징조는 무엇인가?

기독교 초기시대부터 사람들의 관심은 종말이 과연 언제 이루어질 것인가에 집중되어 있었다. 그러나 성경은 시한부 종말론을 주장하는 사람들처럼 때와 시기를 가르쳐주기보다는 오히려 종말에 일어날 징조를 보여 주고 있다.

성경은 종말의 징조를 크게 세 가지로 보여 주는데, 복음이 땅끝까지 전파되는 일(마 24:14, 롬 11:25), 복음에 반역하는 징조(마 24:5, 6, 11, 12, 요일 2:18), 각종 재난과 기근, 지진의 징조(마 24:6, 8) 등이다.

다음을 읽고 종말의 징조를 생각해 보자.

☞ 마 24:3-14을 읽으시오. (p.40)

....

....

....

2. 종말신앙을 어떻게 준비할 것인가?

① 종말에 일어날 모습을 알라.

사람들의 관심은 정확한 종말의 시기와 때에 있지만, 성경의 관심은 언제 주님이 재림하시는가에 있지 않고, 주의 재림이 어떻게 이루어지는가에 있다. 성경을 자세히 살펴보면, 주님의 재림이 이루어질 때에 주님은 육신을 입고 오시고(행 1:11), 눈에 보이게 오시며(계 1:7), 도적같이 임하고(살전 5:2), 영광과 승리의 모습으로 오신다(마 24:30)고 했다. 주님의 재림이 이루어질 때의 세상의 형편은 사람들이 느끼기에 "참으로 살만한 세상이다!"라고 충분하게 느낄 수 있을 만큼의 평안의 때에 이루어진다고 했다(살전 5:3). 그렇기 때문에 성도는 세상의 육신에 빠져서 살지 말고, 주님께서 언제 오신다고 할지라도 능히 달려갈 수 있는 믿음의 준비가 되어 있어야 한다.

다음을 읽어 봅시다.

☞ 롬 8:12-14을 읽으시오. (p.249)

....

....

....

② 미혹을 조심하라.

우리가 믿는 시대는 초대교회의 성도들이 믿을 때보다 더욱 종말의 때에 가까이 다가가고 있는 시대이다. 이러한 때가 될수록 사이비한 미혹자들이 더욱 많이 나타날 것을 성경은 이미 예언하여 가르치고 있다. 그러므로 건전한 교단의 신앙고백과 교리 이외에 다른 미혹의 말들과 교리는 믿지 말아야 한다. 주님께서도 그리스도가 광야에 있다 하여도 나가지 말고, 골방에 있다 하여도 믿지 말라고 하셨다(마 24:26).

다음을 읽어 봅시다.

☞ 마 24:4-5을 읽으시오. (p.40)

....

....

....

③ 항상 깨어있어 대비하라.

종말시대에는 세상도 화려하고, 살만한 세상이며, 물질만 있으면 무엇이든지 다 할 수 있을 것 같은 그런 세상이다. 사람들이 세상적으로 점점 바빠질 것이며, 그러다 보니까 주말이 되면 하나님의 거룩한 성전에서 예배를 드리는 것을 즐거워하기보다는 들과 산, 바다로 놀러 다니는 것을 낙으로 삼기 쉽다. 그렇다면, 이러한 때에 그리스도인들은 어떻게 대비하는 것이 좋을 것인지 생각하고 다짐하는 시간이 되자.

☞ 벧전 4:7-8을 읽으시오. (p.381)

나눔의 시간

1. 오늘의 말씀을 통해서 느낀 점을 말해 봅시다.

2. 당신이 생각하는 종말의 징조를 말해 봅시다.

제5과

이렇게 전도(선교)하라

- 본문 / 사도행전 1:8 (p.187)
- 찬송 / 507, 520, 518

할렐루야! 전도합시다!

복음의 힘

우리가 살고 있는 이 지구촌은 환경오염, 농약에 의한 수질오염, 공장과 자동차에서 나오는 공해로 인간을 포함한 모든 생물들이 생명의 위협을 받고 있다.

또 현대는 도덕적 암흑시대로써 하비 콕스의 말대로 도덕적 부패와 영적 부패현상이 극에 달하고 있다고 할 수 있다. 하나님은 인간 모두가 멸망하는 것을 원치 않으시며, 인간의 역사를 볼 때 그리스도의 참 복음이 전파되는 곳에서 사람과 국가를 변화시켜 왔다. 그럼 전자의 힘, 전도의 힘을 발산하는 성도로서 이 세상의 빛과 소금이 되어 복음을 전파하자.

1. 교회가 존재하는 이유는 무엇인가?

교회는 하나님의 집이요, 기도하는 곳이며, 우리 마음의 안식처가 되는 곳이고, 일그러지고, 상하고 멍든 심령과 영혼이 고침을 받는 병원이며, 하나님께 예배하고 성도와의 뜨거운 교제를 통해서 상부상조의 정신을 발휘하는 곳이며, 전도(선교)의 사명을 다해야 하는 곳이다.

지금 우리 사회에는 수많은 교회가 있으며, 이 수많은 교회들은 교인들을 위해 존재하는 것이 아니라, 세상을 위해 존재해야 하는 것이다. 세상에 사는 사람들의 문제를 해결하기 위해서 세상 사람들에게 복음을 전하기 위해서 존재해야 한다. 교회가 어디까지나 세상을 위해 존재해야 한다면, 교회는 세상에서 무엇인가 행동으로 옮기는 것이 있어야 하는데, 그것이 바로 전도며, 선교이다. 유명한 신학자 에밀 브루너가 말하기를 "불이 탐으로써 불이 있는 것과 같이 교회는 선교에 의해서 존재하는 것" 이라고 했다. 전도와 선교는 교회의 생명을 위해 있어야 한다.

교회의 존재 이유는 세상을 향하여, 그리고 세상을 위하여 일하는 데 있다. 그러므로 만일 교회가 전도와 선교를 거절하는 경우에는 교회로서의 의의를 상실하고 마는 것이다.

다음을 읽어 봅시다.

☞ 마 28:18-20을 읽으시오. (p.52)

....

....

....

2. 교회가 전도(선교)해야 할 이유는 무엇인가?

오늘 우리는 격동하는 국내외 정세 속에 살고 있으며, 시대적인 조류나 사상의 흐름이 급변하는 세대 속에서 주님께서 교회에게 맡기신 시대적인 사명을 감당하지 않으면 안 되는 경지에 놓이게 되었다. 세계의 역사가 증명해 주고 있는 것처럼 역경과 시련과 핍박 속에서도 교회는 그 생명을 잃지 않고 성령의 역사하심과 인도하심을 통해서 오늘날까지 존속해 왔고, 또 앞으로도 교회는 주께서 분부하신 지상명령을 감당해 나가야 한다.

하나님께서 독생자 예수 그리스도를 통하여 구원의 역사를 이루려 하셨고, 전도가 세상에 오신 예수님의 목적이기에 이 세상과 죄인들을 구원하시므로 하나님의 뜻을 이루시려고 하신 것이다.

기독교가 전도나, 선교에 열성적일 수밖에 없는 이유는 마태복음 28절 19-20절(p52)에 기록된 대로 예수 그리스도의 명령이기 때문이다. 이 명령을 받은 제자들은 전도와, 선교적 사명에 불타게 되었다. 사도 바울은 "내가 복음을 전할지라도 자랑할 것이 없음은 내가 부득불 할 일임이라 만일 복음을 전하지 아니하면 내게 화가 있을 것이로다" (고전 9:16)라고 했다.

다음을 읽어 봅시다.

☞ 롬 1:14을 읽으시오. (p.239)

....

....

....

3. 전도(선교)를 위한 교회의 과제는 무엇인가?

① 기도적 과제가 있다.

그리스도인에게 있어서는 항상 기도의 준비는 필수적이다. 따라서 전도(선교)를 위한 과제에 있어서도 가장 중요한 것은 기도이다. 그 이유는 기도가 있는 곳에는 성령의 역사가 있게 되며, 성령의 역사가 있어야 전도나 선교가 가능하게 되기 때문이다. 따라서 기도는 전도, 특히 선교의 동역자의 의미가 있다.

다음을 읽어 봅시다.

☞ 시 145:18-21을 읽으시오. (p.907)

② 물질적 과제가 있다.

전도, 특히 선교를 위한 교회의 과제 중에 물질적 측면인 경제적 책임을 강화해야 한다. 교회가 아직 복음을 모르는 사람들을 돕는 일에 앞장서고 해외에 선교사를 파송하려면, 선교에 사용되는 자본을 아낌없이 투자할 수 있는 물질적 책임의식이 있어야 한다. 이제 우리 구역의 성도들은 전도에 힘써 본 교회를 가득 채우자. 그리고 선교의 후원자가 되자.

다음을 읽어 봅시다.

☞ 빌 4:18을 읽으시오. (p.323)

나눔의 시간

1. 오늘의 말씀을 통해서 느낀 점을 말해 봅시다.

2. 당신은 선교에 어떻게 참여하기를 원하십니까?

제6과

기도를 선택하라

- 본문 / 사도행전 12:1-19 (p.207)
- 찬송 / 336, 365, 337

할렐루야! 전도합시다!

문제를 해결하는 자세

사람이 살다 보면 뜻하지 않는 어려움을 만나게 될 때도 있다. 이때 사람들은 어떻게 문제를 해결할까 하고 고민하게 된다. 어떤 사람은 가까운 사람들 중에 있는 세상적인 힘을 빌리려는 사람도 있을 것이고, 어떤 사람은 돈으로 문제를 해결하려는 사람도 있을 것이며, 어떤 사람들은 폭력으로 문제를 해결하려는 사람들도 있을 것이다. 그러나 이 모든 방법을 동원해도 근본적으로 문제가 해결되지 않았다면 이때 성도는 어떻게 하겠는가? 어려운 현실 앞에서 주저앉아 버리고 말 것인가?

오늘은 초대교회로 돌아가서 초대교회가 어떤 어려움을 당했는지, 그리고 그 어려움을 어떻게 해결했는지 살펴보도록 하자.

1. 기도를 선택한 교회

스데반 집사가 복음을 전하다가 유대교에 의해 순교를 당했다. 그 후 주님의 제자인 야고보도 헤롯 정부에 의해 순교를 당했다. 헤롯은 유대교인들이 야고보의 죽음을 기뻐하자 유대인들의 환심을 사서 정치적인 기반을 확충하기 위해서 베드로까지 죽이려고 잡아들였다.

이때 교회는 이 어려움을 해결하기 위해서 '기도'를 선택했다. 즉 뇌물이나, 권력이나, 인맥이나, 물리적인 힘을 이용하지 않고, 모든 사람들이 보기에 미련해 보이는 기도를 선택한 것이다.

다음을 읽어 보고, 초대교회가 어떤 어려움에 처했는지 살펴보자.

☞ 행 8:1-2을 읽으시오. (p.199)

2. 베드로의 자세를 보자

이런 환난 가운데서 베드로는 두 군사 틈에서 잠자고 있다. 헤롯은 베드로를 잡아서 군사를 네 명씩 네 패로 지키게 했다. 어떤 사람은 이때의 상황을 '그중에 두 명은 베드로와 함께 차꼬를 차고, 두 명은 첫째 문과 둘째 문에 파수하게 했다'라고 했다. 그리고 밤 시간을 4등분해서 4교대로 지키게 했다. 그 속에서 베드로는 신발을 벗고 옷을 느슨하게 하고 잠을 자고 있다. 얼마 전 베드로가 한 여종이 자신을 알아보고 "너도 갈릴리 사람 예수와 함께 있었도다"라고 하는 말에 놀라서 예수님을 부인하고 저주하던 모습과는 전혀 다른 모습이다. 만일 미래에 대한 근심과 걱정이 있었다면 잠을 잘 수 있었을까? 베드로는 이 환난이나 자신의 미래나 모든 것을 하나님에게 전폭적으로 맡긴 사람의 모습이다.

다음을 읽고, 베드로의 모습과 지금의 모습을 비교해서 말해 보도록 하자.

☞ 마 26:69-75을 읽으시오. (p.48)

3. 기도를 선택하라

이렇게 교회에 핍박이 임할 때 교회가 선택한 방법은 바로 기도였다. 교회는 베드로를 위해 간절히 기도했다. 헤롯 정부를 대항하여서 투쟁한 것이 아니다. 그렇다고 두려워하거나 떨거나 좌절하지도 않았다. 오직 전능하신 하나님께 간절히 기도했다. 이것은 기도의 능력을 아는 사람만이 할 수 있는 행동이었다.

오늘도 하나님께서 헤롯의 손에서 베드로를 구원하셨던 것처럼, 하나님의 능력을 믿고 기도하는 사람들에게 이적을 베푸시기를 기뻐하신다. 그러므로 당신이 어려운 상황 속에 있을 때에 세상을 의지하고 세상을 바라보고 낙망과 좌절하지 말고, 주님께 매달려 도우심을 구하는 기도를 선택하라.

※ 그렇다면, 교회는 어떻게 기도했는가?

첫째, 온 교회가 합심하여 기도했다.(5절)

둘째, 간절히 매달려 기도했다.(5절)

셋째, 해결될 때까지 계속적으로 기도했다.(3-4절)

넷째, 불가능이 가능할 것을 믿고 행한 기도였다.

다음을 읽어 봅시다.

☞ 시 50:15을 읽으시오. (p.838)

나눔의 시간

1. 오늘의 말씀을 통해서 느낀 점을 말해 봅시다.

2. 주님을 절대적으로 신뢰하면서 나의 전 생애를 드릴 수 있는지 말해 봅시다.

제7과

기도에 낙망치 말라

- 본문 / 누가복음 18:1-8 (p.126)
- 찬송 / 361, 287, 543

할렐루야! 전도합시다!

기도생활

당신은 지금 기도생활을 어떻게 하고 있는가? 기도란 "일 년에 한 번씩 기도원에 가서 하는 거야!" 라고 생각하고 있지는 않는가? 예수님은 기도생활을 중단한 성도들을 향해서 "항상 기도하고 낙망하지 말라" 고 말씀하고 있다. 여기서 낙망이라는 말은 '엥카케인' 이라는 말로써 이는 '실망시키다' 라는 뜻으로 마음이 약해지는 것을 의미한다. 이제 성숙한 그리스도인으로서 성장하기 위해서 기도생활을 다시 시작해야 한다. 바울은 골로새 교회 성도를 위하여 "기도를 계속하고 기도에 감사함으로 깨어 있으라" (골 4:2)고 권면하고 있다. 성도가 기도에 낙망치 않으려면 어떻게 해야 할지 말씀을 통해서 살펴보자.

1. 과부의 호소를 보자

예수님이 기도에 대하여 비유로 말씀하셨다. 이 비유의 내용을 보면 한 도시에 재판관이 있었는데, 이 사람은 하나님을 두려워하지 않고 사람을 완전히 무시할 만큼 불의한 재판관이다. 그런데 그 도시에 원한을 간직한 힘없는 한 과부가 살고 있었다. 이 과부는 도움받을 만한 곳은 한 군데도 없는 가련한 여자였다. 이 여인은 자신의 원한을 풀어달라고 불의한 재판관에게 가서 자기의 억울한 사정을 호소했다.

재판관은 처음에 그 과부의 호소를 듣고 비웃었다. 한마디로 그의 호소를 무시했다. 그러나 이 여인은 매일매일 재판관을 찾아가서 속사정을 호소했다. 이때 재판관은 스스로 생각하기를 "내가 하나님을 두려워하지 않고 사람을 무시하나 이 과부가 나를 번거롭게 하니 내가 그 원한을 풀어 주리라"(4-5절)고 생각했다. 이 과부의 끊임없는 호소가 불의한 재판관의 마음을 변화시킨 것이다. 이처럼 성도의 기도는 응답받기까지 계속되어야 한다.

다음을 읽어 보고, 바디매오의 기도 응답과 나의 기도생활을 비교해서 말해보자.

☞ 눅 18:38-39을 읽으시오. (p.127)

....

....

....

2. 낙망치 않는 것은 하나님의 뜻이다

하나님은 성도가 기도생활에 낙망하지 않기를 원하시는 분이시다. 하나님은 재판관처럼 매정하고 냉혹한 분이 아니시다. 하나님은 사랑이 많으시고 자비와 긍휼이 끝이 없으신 분이시다. 그런데 우리는 기도가 응답을 받지 못할 때 "왜 밤낮 부르짖는 택하신 자들의 기도를 듣지 아니하실까?"라고 낙망하게 된다. 그러나 하나님은 우리의 기도를 들으시고 응답하길 원하시는 분이시다. 어떤 사람은 당장 기도의 응답을 받지 못해 낙망하면서 하나님을 불의한 재판관처럼 "기도해 봐도 별것 없네!"라고 생각할 수도 있다. 그러나 주님은 우리에게 "속히 그 원한을 풀어주리라"고 말씀하시는 분이심을 기억하라.

다음을 읽고, 낙망치 않는 기도를 하려면 어떤 믿음의 자세가 필요한지 말해 보자.

☞ 눅 11:5-8을 읽으시오. (p.111)

3. 응답을 확신하고 기도하라

우리의 기도가 응답을 받으려면 끊임없는 기도가 필요하다. 본문의 여인은 재판관을 번거롭게 했다. 이와 마찬가지로 신자는 응답을 위해서 무시로 하나님께 간구하고 기도해야 한다. 7절에 "하물며 하나님께서 그 밤낮 부르짖는 택하신 자들의 원한을 풀어 주지 아니하시겠느냐 그들에게 오래 참으시겠느냐"라고 말씀하신다. 기도에 낙망치 않고 끊임없이 기도하는 자의 기도를 하나님은 원하신다.

다음을 읽고 다니엘은 자신의 기도 응답을 기다리면서 며칠간 기도했는지 살펴보고, 당신 자신은 이렇게 작정하여 기도한 적이 있는지 말해 보자.

☞ 단 10:1-3을 읽으시오. (p.1250)

4. 말씀에 순종하면서 기도하라

요한일서 3장 22절에는 "무엇이든지 구하는 바를 그에게서 받나니 이는 우리가 그의 계명을 지키고 그 앞에서 기뻐하시는 것을 행함이라"고 했다. 생활은 거짓과 불의가 난무하면서 하나님의 축복을 받고자 기도한다면 이 사람의 기도는 응답받을 수 있겠는가? 우리는 말씀에 순종하면서 기도할 때에 기도가 응답을 받게 되고 문제가 해결되는 축복의 문이 열리게 되며, 성공적인 삶을 살아갈 수 있다.

☞ 시 34:15-17을 읽으시오. (p.825)

나눔의 시간

1. 오늘의 말씀을 통해서 느낌 점을 말해 보시오.

2. 신앙생활 중에 억울한 일을 놓고 기도해서 응답받은 적이 있다면 간증해 보자.

제8과

이웃을 위해 기도하라

- 본문 / 창세기 18:22-32 (p.22)
- 찬송 / 218, 499, 498

할렐루야! 전도합시다!

더불어 사는 세상

현대사회를 '더불어 사는 세상' 이라고 말한다. 현대사회는 혼자서는 살 수 없다는 것이다. 사회 구성원 하나하나가 다 같이 모여서 사는 세상이며, 혼자 독불장군식으로는 살 수 없는 것이 현대사회이다. 그런데 이 사회는 정상적인 사회가 아니라 병들고, 아파하고, 몸살을 앓는 사회인 것이다. 성도가 만일 이 사회를 외면한다면, 우리의 이웃을 잃어버리는 것이 된다. 예수님은 강도 만난 자의 진정한 이웃은 그를 도와준 사마리아 사람이라고 말씀하셨다.

우리가 물심양면으로 도울 수는 없을지라도 성도는 하나님께 부여받은 기도의 특권이 있다. 아브라함은 죄악으로 물들어 있는 소돔과 고모라를 위해서 어떻게 기도했을까?

1. 아브라함처럼 기도하라

마므레 상수리 수풀이 있었던 헤브론은 매우 뜨거운 지방이다. 그날 정오에 아브라함이 장막문에 나와서 쉬고 있었는데, 자기 집 앞을 지나가는 세 명의 여행자가 맞은편에 서 있는 것을 보았다. 아브라함은 장막 문에서 달려나가 영접하고, 자기 집에서 극진히 대접을 하게 해 달라고 간청했다. 이 여행자들은 여호와 하나님과 두 천사였다. 그 자신도 모르게 하나님과 천사를 영접하게 된 것이다. 하나님은 아브라함에게 축복하고, 소돔과 고모라의 죄악이 하나님께 상달되어 이들을 심판하시기 위해서 강림하셨던 것이다.

아브라함은 하나님의 심판에 의해서 멸망 받을 자신의 조카 롯의 가족과 소돔과 고모라의 수많은 사람들을 생각하고 하나님께 중보기도를 드렸다.

다음을 읽고, 어떻게 중보기도를 할지 알아보자.

☞ 출 32:32-35을 읽으시오. (p.132)

2. 이웃을 위하여 기도하라

아브라함은 소돔과 고모라의 죄악상과 임박한 하나님의 진노를 알고 중보기도를 했다. 그의 기도는 의인의 구원을 위함이기도 하지만, 소돔과 고모라성에 살고 있는 수많은 사람들을 위한 기도이기도 했다. 이웃을 위하여 기도한다는 것은 결코 쉬운 일이 아니다. 그렇다고 기도를 하지 않을 수도 없다. 왜냐하면 하나님께로부터 기도의 사명을 받은 사람은 기도생활을 게을리하거나 쉬는 것 그 자체가 죄가 되기 때문이다. 그러므로 성도는 이웃을 위한 기도를 쉬지 말아야 하되, 특별히 불신영혼의 구원을 위해 기도해야 한다.

☞ 삼상 12:23을 읽으시오. (p.426)

....

....

....

3. 나라와 민족을 위하여 기도하라

내 작은 기도가 친구를 구원할 수 있다면, 또한 가정을 구원할 수 있다면, 나아가 나라와 민족을 구원할 수 있다면, 중보기도야말로 정말로 위대한 기도인 것이다. 기도의 사람 존 낙스는 스코틀랜드를 위해서 기도했는데, 그의 기도 제목처럼 하나님은 그에게 스코틀랜드를 허락해 주셨다. 이스라엘의 지도자 모세는 범죄한 이스라엘 백성의 죄를 가지고 하나님께 중보기도를 드렸을 때, 하나님은 그의 기도를 들으시고 진노를 거두셨다.

오늘날도 많은 중보 기도자들은 나라와 민족을 위해서 철야하면서 기도한다. 이 기도가 하나님에게 응답되어서 이 강산에 주님의 평화가 깃들어 있는 것이다. 오늘 우리도 기도의 능력을 신뢰하고 나라와 교회와 행복이 넘치는 구역이 되도록 기도하는 성도들이 되자.

다음을 읽고, 자신의 기도생활을 점검해 보자.

☞ 엡 6:18-20을 읽으시오. (p.316)

....

....

....

....

....

나눔의 시간

1. 오늘의 말씀을 통해서 느낀 점을 말해 봅시다.

2. 당신이 영혼구원을 위해 거도할 이웃이 있다면 말해 보고 함께 기도하자.

제9과

축복하실 때까지 기도하라

- 본문 / 창세기 32:26-32 (p.32)
- 찬송 / 218, 499, 498

할렐루야! 전도합시다!

축복의 사람이 되기까지

구로사끼 고우기찌는 『섬광록』에서 "사람에게는 가장 버리기 어려운 것으로 금전욕, 명예욕, 지위욕, 색욕, 식욕 등등으로 각각 다르지만, 하나 또는 몇 가지의 버리기 어려운 욕망이 사람을 지배한다. 최후의 자기에게 있어서 가장 소중한 것을 버리기까지는, 참된 신앙이 주어지지 않는다"라고 말하고 있다.

야곱이 형과 아버지를 속이고 외삼촌 댁으로 도망했다가 외삼촌마저 속이고 도망쳐 나와 고향으로 발길을 옮겼지만, 형 에서를 만날 용기가 나지 않았다. 그래서 야곱은 자신의 재산 중에 일부를 선물로 3차에 걸쳐, 형 에서에게 보냈다.

야곱은 형 에서가 이 선물을 보고 마음이 풀어져서 자기를 용서하고 받아들이지 않을까 하는 인간적인 생각에서였다. 그래서 야곱은 가족들을 먼저 건너보내고 자기는 얍복 강에 홀로 남았다.

그동안 부모 형제와 친척들을 속여 가면서 처세한 결과, 야곱 주변에는 원수뿐이고 그를 도와줄 사람은 아무도 없었다. 앞으로 가자니 형 에서의 보복이 두렵고, 뒤로 물러서자니 외삼촌 라반의 아들들이 자기를 죽일까봐 무서워하고 있었던 것이다.

야곱은 인간적인 권모술수와 처세술로 살아왔던 전형적인 모델로 보여 진다. 그러한 야곱이 이스라엘로 바뀌면서 하나님의 사람이요, 축복의 사람이 되었다. 무엇이 인간 야곱을 영적인 사람인 이스라엘로 만들었는지 살펴보도록 하자.

☞ 시 56:4, 11을 읽으시오. (p.841)

1. 축복하실 때까지 기도하라

하나님은 믿음의 사람들에게만 나타나시는 것이 아니라 하나님을 찾는 사람은 누구든지 언제든지 가까이 찾아오시는 분이시다.

① 얍복 강가의 하나님을 만나라.

세상에 의지할 것 하나도 없이 홀로 얍복 강가에 남아 있던 야곱은 루스 광야에서 꿈속에 지상에서 하늘로 맞닿은 사닥다리 가운데 나타나신 벧엘의 하나님을 바라본다. 또한 야곱이 삼촌 라반의 집을 떠날 때 나타나셨던 마하나임의 하나님을 마지막 소망으로 바라본 것이다. 우리 눈은 무엇을 향하고 있는가? 이제부터라도 눈을 들어 하나님을 바라보는 삶을 살도록 하라.

② 눈물로 간구하라.

야곱은 홀로 남아서 하나님의 사람과 씨름을 했다. 이 사람과의 씨름에 대하여 호세아 선지자는 야곱이 "울며 그에게 간구하였으며"(호 12:4)라고 말한다. 그의 눈물의 의미는 철저한 회개의 눈물이었다. 하나님은 우리의 간구에 약하시다. 우리가 참 회개하면서 주님을 붙들 때 천국에서는 잔치가 벌어진다. 우리가 진정 하나님의 축복을 받으려면, 먼저 하나님과의 믿음의 관계를 회복해야 한다.

③ 뼈가 위골되어도 기도의 손을 놓지 마라.

야곱은 얍복 강가에서 날이 새도록 하나님의 사람과 기도의 씨름을 했다. 그는 자기가 야곱을 이기지 못함을 보고 야곱의 허벅지 관절을 쳤고, 뼈가 어긋나 그 고통으로 실신할 지경이었으나 그래도 야곱은 놓지 않았다. 하나님의 사람은 날이 새려 하니 이제 그 손을 놓으라고 말했다. 야곱은 "내게 축복해 주실 때까지는 절대로 놓지 않겠습니다"라고 간구했다. 하나님의 사람이 야곱의 이름을 물어보았다. "네 이름이 무엇이냐?" 야곱은 마흔이 다 된 나이에 자신의 부끄러운 삶을 말했다. "야곱입니다." 그는 야곱에게 "네가 하나님과 및 사람들과 겨루어 이겼음이니라"고 하시며, '이스라엘'이라는 새 이름을 주시고 축복해 주셨다.(24-30절)

다음을 읽고, 야곱의 이름 뜻과 그의 인생을 생각해 봅시다.

☞ 창 25:26을 읽으시오. (p.34)

....

....

....

2. 야곱이 받은 축복은 무엇인가?

야곱은 브니엘에 해가 돋을 때 삶의 새로운 소망으로 가득 차 있었다. 형과의 화해가 이루어졌고, 얍복강을 먼저 건너보내면서 포기했던 아내와 자식들 그리고 재산을 도로 찾을 수 있었다. 야곱은 영혼이 잘됨 같이 육신이 잘되는 축복을 받은 것이다. 만일 우리가 진정한 하나님의 축복받기를 원한다면 야곱이 기도로 승리한 것처럼 우리도 축복하실 때까지 기도해야 한다.

☞ 요삼 1:2을 읽으시오. (p.395)

나눔의 시간

1. 오늘 말씀을 통해서 느낀 점을 말해 봅시다.

2. 우리가 하늘의 신령한 복을 받기 위해서 선행되어야 할 일이 무엇인지 말해 보자.

제10과

기도로 문제를 해결하라

- 본문 / 사도행전 16:26-34 (p.216)
- 찬송 / 370, 361, 539

할렐루야! 전도합시다!

담대하라

하나님은 성도가 성령 충만할 때에는 아무 시험도 근심, 걱정도 없는 유토피아적인 삶을 허락하신다고 말씀하신 적은 한 번도 없다. 오히려 "너희가 환난을 당하나 담대하라 내가 세상을 이기었노라"(요 16:33)고 말씀하셨다. 주님이 주시는 삶은 환난과 역경 가운데서도 함께하시는 삶이다. 실제적으로 성도를 무기력하게 만드는 것은 아무런 시험도, 환난도, 역경도 없는 삶이다.

1. 누구에게나 문제가 찾아온다

바울과 실라는 환상 중에 마게도냐 사람 하나가 "마게도냐로 건너와서 우리를 도우라"(9절)는 환상을 보게 되었다. 이로 인해서 새로운 비전을 가지고 마게도냐의 첫 성인 빌립보 지역에서 복음을 전하게 되었다. 이들은 자신의 감정이나 이성적인 판단으로 행동하지 않았다. 그럼에도 '미풍양속을 헤친다'는 죄목으로 매를 맞고 차꼬에 채워져 감옥에 갇히기도 한다. 이들은 기도 충만과 성령 충만한 가운데 복음전파를 하였음에도 불구하고 감옥에 투옥되는 억울한 일을 당했다. 이러한 문제 속에서 바울과 실라는 기도한 것이다.

다음을 읽고, 예수님께서 마귀에게 시험받으실 때의 형편을 살펴보라.

☞ 눅 4:1-2을 읽으시오. (p.93)

....

....

....

2. 환난 가운데 기도와 찬양을 드리라

복음을 전하다가 억울하게 투옥된 바울과 실라는 기도와 찬미를 드렸다. 자신들의 옷을 벗기고 매로 친 사람들을 위해 중보기도를 드리고 여기까지 인도하신 하나님께 찬미를 드렸다. 이런 모습은 이 감옥이 생긴 이래 처음 있는 일이었다.

두 사람이 드린 찬송은 절망이 변하여 희망이 되고, 역경을 이길 수 있는 능력이었다. 그뿐만 아니라 최악의 환난에서 하나님을 의지한 절대적인 믿음의 표식이었다.

바울과 실라는 뼛속까지 스며드는 채찍의 아픔을 신음하고 처지를 원망하고 불평을 해야 하는데도 원망의 소리 대신에 기도하면서 찬송을 불렀다. 이들의 기도와 찬송은 모든 죄수들과 간수까지 들었다. 이 노래는 생전 처음 들어보는 노래였으며 '시와 찬미와 신령한 노래' 들이었다.

다음을 읽고, 고난 당하는 자가 취할 자세에 대하여 알아보자.

☞ 약 5:13을 읽으시오. (p.376)

☞ 시 50:15을 읽으시오. (p.838)

3. 기도로 난관을 극복하라

바울과 실라가 위기 앞에서 기도와 찬미로 하나님께 영광을 돌렸을 때 갑자기 지진이 나면서 감옥 터가 움직였고, 모든 문이 열리면서 결박이 다 벗어졌다. 간수는 바울과 실라가 탈옥한 줄로 생각하여 자결하려고 칼을 빼 들었다. 왜냐하면 당시 죄수가 탈옥하면 당직 간수는 책임지고 대신 사형을 당하는 제도가 있었기 때문이다. 이에 바울은 큰 소리로 "네 몸을 상하지 말라 우리가 다 여기 있노라" (28절)라고 외치며 자결을 만류했다. 이에 간수는 등불을 들고 무서워 떨면서 바울과 실라 앞에 엎드려서 "선생들이여, 내가 어떻게 하여야 구원을 받으리이까" (30절)라고 묻게 되었다. 간수는 바울과 실라를 만나기 전에는 영혼의 문제에는 무관심하게 살아온 사람이었다. 그러나 간수는 자신이 죄인이라는 사실을 알게 되었다. 이로 인해서 간수의 가족들은 모두 복음을 받아들이고 구원을 얻게 되었다.

☞ 롬 1:16-17을 읽으시오. (p.239)

☞ 고전 1:18-24을 읽으시오. (p.263)

4. 기도로 문제를 해결하라

바울과 실라가 옥문이 열렸을 때 다른 죄수들처럼 도망했다면, 간수는 죽게 되었을 것이다. 그러나 바울과 실라는 간수와 자신들의 생명을 구했을 뿐만 아니라, 이들의 영혼을 구하는 복음의 사역을 감당하게 되었다. 우리는 모든 문제를 기도로 해결하는 성도들이 되자.

바울과 실라는 그 후 어떻게 되었는지 다음의 말씀을 읽어 보자.

☞ 행 16:35-40을 읽으시오. (p.216)

나눔의 시간

1. 오늘의 말씀을 통해서 느낀 점을 말해 봅시다.

2. 당신 자신이 환난을 당했을 때 어떻게 해서 승리했는지 이야기해 보자.

제11과

기도의 모범을 배우라

- 본문 / 누가복음 11:1-13 (p.111)
- 찬송 / 369, 364, 337

할렐루야! 전도합시다!

참된 기도자

우리가 신앙생활을 하면서 기도 충만한 성도를 만나게 되면 '나도 저렇게 기도하고 싶다' 는 마음이 생겨난다. 제자들도 주님이 한 곳에서, 열심히 기도하시는 모습을 보고 '나도 예수님처럼 기도하고 싶다' 는 마음을 가졌다. 그래서 한 제자가 "주여, 요한이 자기 제자들에게 기도를 가르친 것과 같이 우리에게도 가르쳐 주옵소서!" 라고 간구하게 되었다. 주님은 제자들에게 "너희가 기도할 때에 이렇게 기도하라" 고 하시며 기도의 모범을 가르쳐 주셨다.

그렇다면 어떻게 기도하는 것이 참된 기도자의 모습일까?

1. 기도가 습관화되게 하라

기도의 모범이 되시는 주님은 습관을 따라 기도하셨다. 예수님은 공생애의 시작에 앞서 40일 금식기도를 하셨고, 새벽 미명에 기도하셨으며, 광야에서 5천 명을 먹이시는 기적 가운데에서도 기도하셨다. 나사로를 살리실 때도 기도하셨고, 변화산에서도 기도하셨으며, 십자가를 앞두고서 기도하셨고, 마지막 운명하실 때에도 기도하셨다.

오늘날 교회에 성도는 많지만, 기도하는 자는 심히 적다고 하는 말이 있다. 신자는 교회에 왔다가 가는 것만으로 만족하는 자가 되지 말고, 예수님의 기도 모범을 따라서 기도가 내 생활의 습관화가 되도록 노력해야 한다. 기도하는 성도는 능력 있는 그리스도인의 삶을 살 수가 있다.

그렇다면, 우리가 예수님에게서 배울 최상의 기도 모범은 무엇인가?

☞ 막 1:35을 읽으시오. (p.54)

....

....

....

2. 잘못된 기도의 형태를 버려라

때때로 우리가 매달려 기도를 하는데도 불구하고, 기도의 응답이 지체되어 지치게 되는 경우가 있다. 기도의 응답이 지체되는 경우는 우리의 기도의 분량이 아직 차지 않았기 때문이며, 기도 응답의 때가 아직 이르지 않았기 때문이고, 기도에 인내를 요구하시는 때인 경우가 대부분이다. 그러나 우리의 기도가 잘못된 기도인 때에는 아무리 기도해도 응답을 받을 수가 없다. 응답받을 수 없는 잘못된 기도는 그 기도의 형태를 바꿈으로써 기도의 응답을 새롭게 할 수가 있다.

그렇다면 성경에서 어떤 경우에 기도 응답을 받을 수 없다고 했는지 알아보자.

☞ 약 4:3을 읽으시오. (p.374)

☞ 약 1:6-8을 읽으시오. (p.370)

3. 이렇게 기도하라

예수께서 가르쳐 주신 기도의 모범 가운데 하나는 주기도문이다. 우리가 주기도문을 단순히 외워서 입에서 나오는 대로 기도하는 것은 어떻게 보면 의식적인 행위에 불과할 수가 있다.

주기도문이 효과적인 기도가 되게 하기 위한 3가지 요소가 있다. 첫째는 하나님과 나 그리고 나와 이웃의 관계를 생각하면서 기도할 것이며, 두 번째는 하나님께 대한 우리의 책임이 무엇인지를 생각하면서 기도할 것이고, 세 번째는 나의 요구가 무엇인지를 생각하면서 기도해야 한다는 것이다.

필립 브룩스(Phillips Brooks)는 "기도의 목적은 하늘에서 인간의 뜻이 이루어지는 것이 아니라 하나님의 뜻이 이 땅에서 이루어지도록 하기 위함이다"라고 했다.

다음을 읽고, 주님의 뜻과 내 뜻이 일치될 때에 어떤 일들이 일어나는지 알아보자.

☞요 15:7을 읽으시오. (p.174)

나눔의 시간

1. 오늘의 말씀을 통해서 느낀 점을 말해 봅시다.

2. 주기도문을 정확하게 암송하는지 다시 한 번 확인해 보자.

제12과

예수님의 전도를 배우라

- 본문 / 누가복음 4:14-22 (p.94)
- 찬송 / 520, 505, 522

할렐루야! 전도합시다!

전도의 목적

인도를 깨운 맨발의 사도 썬다 싱(Sunder Singh)은 1914년 네팔에서 전도하다가 붙잡혀 감옥에 들어갔다. 그 감옥은 대개 살인, 강도죄를 지은 자들만이 있었다. 썬다 싱은 이들에게 전도하게 된 것을 감사하고 저들에게 예수를 믿으면 감옥같은 곳도 천국으로 변한다고 했다. 먼저 마음의 어두움을 몰아낸 뒤 예수를 받아들여 옛사람을 벗고 새사람을 입으라고 구원의 도리를 전했다. 결국 죄수들이 모두 회개하고 예수를 믿음으로 감옥 안에 찬송 소리가 울려 퍼지고 큰 기쁨으로 예배를 드리게 되었다. 예수 믿는 마음에 천국이 있고 예수 모신 곳이 곧 천국이다.

헬라어로 "유망게리온"은 복음이다. 그리고 "유앙게리조마

이"를 전도라고 하는데 이는 예수 그리스도의 복음을 불신자에게 전하는 행위로서 흔히 복음전도라고도 한다. 전도는 하나님의 나라를 선포하고 그리로 돌아오게 하는데 궁극적인 목적이 있다.

오늘 우리는 본문을 통하여 능력있게 말씀을 전하시는 예수님의 말씀 전파의 모범을 통하여 전도의 모범을 살펴보자.

1. 유효적절한 방법을 사용했다

안식일의 규례대로 예수님은 회당에 들어가서서 성경을 읽으시면서 말씀을 선포하셨다. 당시에는 안식일이면 많은 사람들이 회당에 모였고, 그들이 또한 구약의 말씀을 읽었으므로 주님께서는 그들의 종교생활의 관습을 이용하셔서 효과적으로 말씀을 전파하므로써 마찰을 피하셨다.

미국에 어떤 불량 청년 한 사람이 있었는데 여러 차례 감옥에 다녀오게 되었다. 한 번은 법정에 선 법관이 그 어머니를 향하여 "이제는 이 아들을 단념하세요"하고 말하였다. 그때에 그 어머니께서는 "저는 제 아들을 단념할 수는 없습니다. 법관 같으면 사랑하는 아들을 단념하여 버리겠습니까?"라고 말했다.

다음을 읽고, 우리가 권능을 받기 위해 어떻게 해야 하며 예수님의 선교 방법은 어떤 것인지 생각해 보고, 서로 토의해 봅시다.

☞ 행 1:8을 읽으시오. (p.187)

☞ 마 4:23, 9:5을 읽으시오. (p.5, 12)

2. 필요한 말씀만을 전파했다

예수님은 말씀 듣는 청중의 영적 상태를 정확하게 파악하시고 그들에게 꼭 필요한 말씀을 적절하게 전하셨다. 본문에서도 예수님은 선지자 이사야의 글을 받으시고 그들에게 필요한 말씀을 찾아 읽어 주셨다. 즉 어두움 아래 있는 모든 사람에게 메시아가 오셔서 은혜를 베풀 것이라는 것이다. 다음을 읽고, 우리가 에티오피아 여왕 간다게의 모든 국고를 맡은 큰 권세가 있는 내시가 병거를 타고 무엇을 했는지를 생각해 보고, 서로 토의해 봅시다.

☞ 행 8:28을 읽으시오. (p.200)

3. 말씀을 바르게 해석했다

예수님은 이사야의 글을 읽고 나서 "이 글이 오늘 너희 귀에 응하였느니라" (21절)라고 하시면서 자신이 바로 오실 메시아임을 증거하셨다. 성경 주제는 한 마디로 예수 그리스도를 통한 구원사역이다.

참된 해방은 바로 예수 그리스도의 구속사역을 통해서만 이루어진다. 예수님은 이사야서를 통해서 이 진리를 해석했다.

다음을 읽고, 빌립이 입을 열어 무엇을 가르쳤는가를 알아보자.

☞ 행 8:35을 읽으시오. (p.201)

※ 예수님처럼 복음을 바르게 전할 때 심령이 변화되고, 죄인이 회개하고 주께 돌아오는 역사가 일어날 것이다.

나눔의 시간

1. 오늘의 공부를 통해 느낀 점을 말해 봅시다.

2. 나는 범사에 하나님의 이름보다 내 이름이 높아지기 위해 애쓰고 있지 않는가를 깊히 생각해 보자.

제13과

가까운 곳부터 시작하라

- 본문 / 마태복음 10:5-8 (p.14)
- 찬송 / 515, 500, 505

할렐루야! 전도합시다!

가까운 곳부터

덴마크는 1864년대에 곡창지인 홀스타인과 스레스비를 독일에게 빼앗기고, 산 없고 물 없고 지하자원 없고 북해의 찬바람이 몰아치는 불리한 자연조건으로 인하여 나라가 망하게 될 운명에 놓이게 되었다. 이때 달가스란 애국자가 「밖에서 잃은 것을 안에서 도로 찾자」라는 슬로건을 내세우고 애신(愛神), 애토(愛土), 애린(愛隣)의 정신으로 나무를 심고 황무지를 개척, 주축농업들을 실현하여 오늘의 낙토를 만들어 낸 것이다.

우리의 전도 역시 가까운 곳부터 전도를 시작할 때 하나님의 영광이 되고 축복을 받게 됨을 기억하자.

오늘 본문은 예수님의 두 번째 설교의 선교에 대한 가르침의 첫 부분이다(5-12절). 성령을 받으면 그 증거의 하나로 전도를 하고 싶어진다. 전도를 위하여 우리가 먼저 할 일은 무엇인지에 대하여 생각해 보자.

1. 천국을 전하라

예수께서 제자들을 파송하시면서 하신 부탁은 '천국이 가까웠다' 는 사실을 전파하라는 것이었다.

천국은 장소적 의미뿐만 아니라, 하나님의 주권이 미치는 곳이면 그곳이 바로 천국이다. 하나님의 주권이란 하나님의 가장 중요한 권리를 말한다(대상 29:11). 하나님께서는 예수 그리스도를 이 땅 위에 보내심으로서 천국 건설을 실현하기 시작하셨다. 따라서 예수 그리스도를 영접하기만 하면 천국 생활은 시작되는 것이다.

다음을 읽고, 사도들은 여러 촌을 두루 다니면서 무엇을 하였는지 생각해 보자.

☞ 행 8:25을 읽으시오. (p.200)

....

....

....

2. 가까운 곳부터 시작하라

우리는 흔히 전도라고 하면 집을 떠나 먼 곳으로 가서 복음을 전하는 것으로 생각하기 쉬운데, 전도는 손이 닿기 쉬운 곳에서부터 시작해야 한다. 주님도 "예루살렘과 온 유대와 사마리아와 땅 끝"(행 1:8)의 순서로 전도할 것을 말씀하신 바 있다. 전도의 기술 중 하나는 우리 가족과 친지로부터 시작하여 점차 먼 곳으로 나가는 것이다.

다음을 읽고, 70인들이 병자들을 고치고 무슨 말을 전하였는가를 생각해 보자.

☞ 눅 10:9을 읽으시오. (p.109)

3. 하나님만을 신뢰하고 전하라

전도여행에는 물질이 필요하다. 그러나 지나친 물질 의존은 상대적으로 하나님만을 의지하는 믿음을 약화시킬 위험이 있다. 전도는 사람의 믿음이나 힘으로 할 수 있는 영역이 아니다. 하나님의 신이 아니고는 불가능하다(슥 4:6). 성경에는 먼저 그의 나라와 의를 구하는 자에게 이 모든 것을 더하리라(마 6:33)고 약속되어 있다. 약속이란 히브리어로 "다바르"라고 하는데, 이는 자기 백성들에게 주시고자 하는 하나님의 축복의 말씀으로 표현하셨고 하나님은 자기 백성들에게 죄의 권세로부터 구원하시겠다고 약속하셨다.

다음을 읽고, 예수께서 요한에게 너희는 가서 듣고 보는 무엇을 고하라고 했는가?

☞ 마 10:5를 읽으시오. (p.14)

※ 전도자의 가장 큰 수칙은 성령을 받고, 어떤 환경에서도 하나님만 의지하고 나가는 일이다.

나눔의 시간

1. 오늘의 공부를 통해 느낀 점을 말해 봅시다.

2. 십자가에 못 박히신 주님을 전하기 위해 우리가 해야 할 일이 무엇이 있는지 나누어 보자.

제14과

기쁨으로 전도하라

- 본문 / 누가복음 10:17-20 (p.109)
- 찬송 / 501, 505, 438

할렐루야! 전도합시다!

전신갑주

효종 왕 때에 이완을 북벌 총사령관으로 삼기 위하여 시험을 해 보게 되었다. 밤중에 사람을 보내어 임금님께서 부르신다는 명을 내렸다. 이완이 사복 차림으로 나가려 하자 그 부인이 말하기를 "이 밤중에 무슨 일로 부르시는지도 모르시면서 더욱이 무사가 무장을 하고 가심이 좋을까 합니다"라고 하였다.

이완 대장은 그 말을 옳게 여겨 기쁜 마음으로 무장을 하고, 겉옷을 입고 입궐하는데 화살이 좌우에서 빗발치듯 하였다. 그러나 이완 장군은 조금도 두려워하지 않고 태연한 태도로 서서히 걸어 들어갔다. 이렇게 효종 왕은 그의 대담함을 보고 북벌 총사령관으로 삼았다고 한다. 우리들도 항상 하나님의 전신갑주로 무장하고 흉악한 자들을 격파하기 위하여 기쁨으로 준비하자.

오늘 본문에서 주님은 실습생들의 실습 결과를 보고받고, 잘잘못을 지적해 주시고 격려해 주시는 훈련 담당 선생님과 같았는데 그 내용을 살펴보자.

1. 전도하는 것은 기쁨이다

전도를 하고 돌아오는 제자들의 발걸음은 기쁘고 신이 나서 몹시 가벼웠다. 그들이 그리스도의 능력에 힘입어 전도했을 때 귀신들도 항복하는 것을 직접 체험했다. 당시 사람들은 귀신을 쫓아내는 일을 가장 큰 권능으로 생각했었다. 그들이 이번 전도 과정을 통해 크게 깨달은 것은 바로 전도의 기쁨이다. 이 기쁨을 맛본 성도들은 진정한 기쁨을 통해 상황마다 가치 있는 삶을 살 수 있다.

다음을 읽고, 전도의 즐거움에 대하여 알아보자.

☞ 왕하 25:18을 읽으시오. (p.606)

....

....

....

☞ 시 84:10 을 읽으시오. (p.864)

....

....

....

2. 전도는 사탄을 이기는 능력이다

기뻐하며 돌아와서 보고를 하는 제자들을 향하여 예수님은 이렇게 대답하셨다. "사탄이 하늘로부터 번개 같이 떨어지는 것을 내가 보았노라"(18절) 이 말씀은 사탄의 패배와 쫓겨남을 상징적으로 표현하고 있다. 귀신을 쫓아낼 수 있었다는 것은 사탄이 패배하였다는 표징이다. 전도는 바로 사탄을 이기는 가장 강한 능력이다. 말씀을 듣고 나서는 자를 해할 자는 결단코 없다. 이 악한 세상에 이런 담대함과 확신에 가득 찬 전도의 자세가 필요하다.

다음을 읽고, 사탄의 최후에 대하여 생각해 보자.

☞ 슥 3:2을 읽으시오. (p.1314)

☞ 눅 10:18을 읽으시오. (p.110)

※ 다음을 읽고, 사탄의 시험과 술수에 대하여 생각해 보자.

☞ 창 3:5을 읽으시오. (p.3) - 거짓 약속

☞ 마 4:6을 읽어 보시오. (p.4) - 말씀의 왜곡

3. 전도는 자신을 위한 것이다

전도는 남에게 구원의 복음을 전하여 주는 것이지만, 전도하는 사람 자신에게도 큰 유익이 된다. 주님은 "귀신들이 너희에게 항복하는 것으로 기뻐하지 말고 너희 이름이 하늘에 기록된 것으로 기뻐하라"(2절)고 하면서 전도자에게 돌

아갈 큰 상을 얘기했다. 따라서 전도자는 자신의 그 일에 기뻐하고 감격한다. 전도의 보고는 확신과 기쁨의 증언이었다. 그런 가운데 제자도는 깊어져 갔다.

※ 제자도란 스승의 가르침을 받거나 또는 받을 사람이 마땅히 행할 도리를 가리킨다. 그리스도인은 예수의 가르침을 받아 그의 뒤를 따르는 사람으로서 마땅히 대가를 치뤄야 한다.

다음을 읽고, 성도의 안전에 대하여 알아보자.

☞ 욥 11:8을 읽으시오. (p.771)

☞ 히 13:6을 읽으시오. (p.369)

나눔의 시간

1. 오늘의 공부를 통해 느낀 점을 말해 봅시다.

2. 나는 믿음이 없고 패역한 세대에서 바르게 깨어 거룩한 삶을 살고 있는가?

제15과

강권하여 채우라

- 본문 / 누가복음 14: 23-24 (p.120)
- 찬송 / 185, 520, 510

할렐루야! 전도합시다!

전도 의욕

두갈드 캄벨(Dugald Campbell)은 영혼을 구원하기 위하여 여러 가지 아프리카 말에 통달하였고, 아프리카에서 45년 동안 사역하였다. 특별히 약대를 타고 사하라 사막을 여행하면서 전도한 그의 고생은 말로 형용할 수 없었다. 그는 사막에서 주렸고, 목 말랐고, 때로는 강도떼를 만났고, 그 외에 여러 가지 고생을 당하였다. 그는 별세하는 때에도 전도 의욕을 가지고 말하기를 "내가 40년만 더 산다면 이 사막에 선한 씨를 뿌릴 수 있건만!" 이라고 하였다. 우리들도 전도 의욕에 불타는 성도들이 되자. 오늘 우리는 본문에서 예수께서 말씀하시기를 "길과 산울타리로 나가서 사람을 강권하여 데려다가 내 집을 채우라"(23절)는 말씀에서 교훈을 받도록 하자.

1. "길과 산울타리로 나가 강권하여" 란 말의 의미는 무엇인가?

여기서 '강권한다' 는 말은 폭력이아닌 설득으로써 그렇게 하라는 말이다. 이것은 인류의 구원을 위한 하나님의 강한 의지와 사랑을 보여 준다.

결국 본 절은 "주여 구원을 얻는 자가 적으니이까" (23절)의 질문에 대한 회답도 되는 것이다. 하나님의 나라에 구원을 위하여 정해진 수는 기어코 들어가는 것이다. 거리와 골목이 시내에 있다면, 길과 산울타리는 시외를 가리킨다. 불신자들을 전도하기 위하여 강권하여 권하여서라도 전도할 것을 강조하는 말이다.

다음을 읽고, 복음을 믿게 되는 것에 대하여 생각해 보자.

☞ 엡 2: 8을 읽으시오. (p.311)

....

....

....

☞ 마 19:21을 읽으시오. (p.32)

....

....

....

2. 박해를 무릅쓰고 전도하라

우리들은 나를 구원하기 위해 생각할 수도 없는 박해와 고통을 당하신 예수를 기억해야 한다. 사도들은 이고니온에 오래 머물렀는데, 그 이유는 복음 전파 사역이 성공적으로 진행되었기 때문이 아니라 오히려 난관에 부딪혔기 때문이었다. 이곳에서 이방 전도에 있어서 처음으로 믿는 제자들에게 박해가 가해지게 되었다. 그러나 사도들은 끈질기게 복음을 전하였다.

그 결과, 주께서 함께하사 표적과 기사를 행하셨다. 동일한 메시지를 가지고 성령의 나타남과 능력으로 전도할 때 박해도 이길 수가 있는 것이다. 다음을 읽고, 이고니온에서의 바울과 바나바의 효과적인 전도를 살펴보자.

☞ 행 14:1-7을 읽으시오. (p.211)

3. 전도의 열정을 가지라

어떤 형편 가운데 있든지 복음을 위해 수고하지 않을 수 없다. 마음속에서 뜨겁게 타오르는 복음전도의 열정으로 인해 모든 장애와 곤경, 핍박과 반대에도 불구하고 복음을 전하자.

바울의 고백처럼 그는 그가 아니라 그리스도의 삶을 살아 드려야만 했기 때문이다. 영혼에 대한 열정이 넘쳐서 목숨걸고 복음을 강권적으로 전하자. 다음을 읽고, 바울의 마음속에서 타오르는 복음전도의 열정을 살펴보자.

☞ 행 21:37-22:1을 읽으시오. (p.226)

4. 참된 전도로 채우라

바울은 오직 하나님의 나라를 힘써 전하고 가르쳤다(행 19:8). 하나님의 나라는 예수님을 구주로 믿는 사람들의 마음속에 이루어지는 것으로써 예수 그리스도가 하나님의 나라에 중심이라는 것이 바울의 신앙이요, 주장이었다. 그래서 바울의 전도 주체는 예수 그리스도를 중심으로 형성되는 하나님의 나라였던 것이다.

바울은 하나님을 담대히 전했다(행 19:8). 하나님의 말씀에 반신반의하면 대담성이 생기지 않는다. 전도자는 남에게 전하기 전에 먼저 자기가 전하는 것에 대한 확신을 가져야만 한다. 이러한 참된 전도에 하나님께서 역사하시면 하나님의 능력이 나타난다. 악을 행하던 사람들까지도 믿고 회개하게 된다. 그러므로 믿고 강권하여 주께로 인도하는 구원의 열정을 갖자. 다음을 읽고, 실례를 살펴보자.

☞ 사 6:8을 읽으시오. (p.974)

☞ 행 26:16을 읽으시오. (p.233)

나눔의 시간

1. 오늘의 공부를 통해 느낀 점을 말해 봅시다.

2. 나를 그리스도 안에서 능력있게 살아가지 못하게 하는 것은 무엇인가?

제16과

충성된 자들에게 부탁하라

- 본문 / 디모데후서 2:1-13 (p.344)
- 찬송 / 212, 331, 586

◇

할렐루야! 전도합시다!

우리의 본향

이조 초기에 있어서 수양대군이 조카인 단종을 죽이고 왕이 되었을 때(왕과 비) 여섯 충신을 죽인 일이 있었다. 그때에 수레를 타고 형장에 끌려 나가면서 읊은 성삼문의 시가 있는데, "……석녀 바람에 해는 지려는데, 북 두드리는 소리는 사람의 목숨을 재촉하는구나! 저승길에 여관이 없을 것이니 오늘 밤 뉘 집에 내 자야 하는고?"

우리가 만일 이생에서의 여행을 끝마치는 때, 우리의 가야 할 집 없이 갈 곳을 모르게 된다고 하면 어떻게 되겠는가? 그때처럼 절망 될 일은 없고, 그때처럼 고독할 때는 없을 것이다. 이때야말로 생명의 주시요, 구주가 되시는 우리 주님만이 절대 요청되는 때인 것이다. 우리들 모두 충성된 자들이 되도록 열심히 복음을 전하자.

오늘 본문에서 충성된 자로서 바울은 고난 속에서 자기의 약함을 아는 데서 능력이 나타난다는 사실을 입증해 냈다.

1. 청지기와 같이 충성된 자가 되자

우리는 하나님께서 우리에게 주신 영적인 보배를 받은 청지기이다. 그 보배를 지키고 다른 이들의 삶에 그것을 투자하는 것은 우리의 책임이다. 청지기는 맡은 것을 잘 관리해야 한다.

귀한 것을 맡은 청지기일수록 더욱 그러하다. 잘못 관리한 청지기는 하나님께 크게 책망받게 될 것이다.

다음을 읽고, 충성하는 자에 대하여 서로 생각해 보고, 토의해 보자.

☞ 민 12:7을 읽으시오. (p.215)

....

....

....

☞ 고전 4:17을 읽으시오. (p.266)

....

....

....

2. 군사와 같이 충성된 자가 되자

군사는 고난을 참는다(3절). 군사는 세상의 번잡스러운 일을 피한다(4절). 군사는 예수 그리스도를 나타낸다(8-9절). 군사는 전 군대를 생각한다(10절).

군사는 그의 사령관을 신뢰한다.

헌신된 주의 충성된 자들은 고난을 참을 수 있어야 하고, 그리스도에게 죽도록 충성하며 사생활에 얽매여서는 안 된다.

다음을 읽고, 영적 싸움에 대하여 알아보도록 하자.

☞ 롬 7:23을 읽으시오. (p.248)

☞ 고후 10:4을 읽으시오. (p.295)

3. 농부와 같이 충성된 자가 되자

봄이면 파종하고 추수할 가을까지 기다리며 열심히 돌보고 가꾼 농부는 큰 수확의 기쁨을 누리지만 그렇지 못한 사람은 기쁨을 누리지 못한다. 성도들은 농부같이 부지런히 전도를 해야 한다.

"많은 사람을 옳은 데로 돌아오게 한 자는 별과 같이 영원토록 빛나리라" (단 12:3)는 성경 말씀이 있다.

복음을 위해 충성된 자의 태도는 은혜 충만한 청지기여야 하고, 죽도록 충성하는 군인과 농부같이 성실해야 한다. 특별히 복음을 위해 농부의 심정으로 충성하자.

다음을 읽고, 길이 참으라는 말에 대해 알아보자.

☞ 약 5:7을 읽으시오. (p.375)

나눔의 시간

1. 오늘의 공부를 통해 느낀 점을 말해 봅시다.

2. 나는 말씀을 전하고 가르치는 자로서 온유한 성품과 고상한 인격을 소유한 자인가?

제17과

전도의 결과를 기대하라

- 본문 / 사도행전 19:21-27 (p.221)
- 찬송 / 524, 384

할렐루야! 전도합시다!

주님을 향한 정조

어떤 처녀가 한 남자와 약혼을 했는데 그 남자는 상업차 상선을 타고 멀리 떠난 후에 1년이 지나도록 아무 소식이 없어서 여자는 그 남자를 고대하던 중에 유혹을 받을 때가 한두 번이 아니었다. 그러나 그 여자는 정조를 지키고 매일 항구에 나가 많은 선박이 왕래하는 것을 바라보면서 3년이란 긴 세월을 하루 같이 그 남자를 고대하더니 마침내 표류하던 남자가 돌아오게 되어 단란한 가정을 이루었다는 이야기가 있다. 신자는 이 같은 굳은 정조와 인내가 있어야만 주님을 맞을 것이고, 전도의 열매도 거둘 수 있다. 열심히 때를 얻든지 못 얻든지 전도의 열매를 맺기 위하여 열과 성을 다하자.

본문은 우리에게 하나님의 말씀이 전파될 때에 야기되는 반대에도 불구하고 열심히 복음을 전파하고 결과를 기대하는 모습이다.

1. 말씀의 승리를 바라보자

하나님의 말씀이 승리를 얻었다는 사실을 데메드리오가 직공들을 모아놓고 한 말에서 잘 입증되고 있다(25-27절). 데메드리오는 바울의 전도가 성공적이었다는 것과 놀라운 승리들이 에베소 자체에서만 아니라, 로마 지방총독 치하의 아시아 전 지역에서 획득되고 있었다는 것을 고백한 셈이다.

다음을 읽고, 말씀의 능력에 대하여 서로 생각해 보자.

☞ 롬 1:16을 읽으시오. (p.239)

☞ 행 5:7을 읽으시오. (p.194)

2. 바울의 능력 있는 사역을 보라

바울은 에베소에서 복음을 증거하며 가르쳤고, 더욱이 놀라운 이적들을(11-12절) 행하는 도구로 주님에게 온전히 쓰인 바가 되었다. 하나님께서 그의 사도들을 유명하게 만드시기 위해서 이적들을 행하시는 것이 아니라, 단지 특수한 상황이 그러한 이적들을 요구한 경우에만 그런 것들을 행하신다.

다음을 읽고, 바울이 그의 제자들을 여러 교회로 파송해서 교회를 돕게 한 모습을 살펴보자.

☞ 고후 8:23을 읽으시오. (p.294)

☞ 빌 2:25을 읽으시오. (p.320)

☞ 골 4:10을 읽으시오. (p.328)

3. 교회의 정화를 보라

교인들 중 마술을 행하던 사람들이 마술에 사용되는 책들을 가져와서 불 사른 후에, 하나님의 말씀이 흥왕하여 세력을 얻었다. 우리도 하나님의 말씀에 온전히 사로잡힐 때 사도 바울과 같이 승리하는 삶을 살 수가 있을 것이다. 우리는 위로부터 임하는 하나님의 능력을 간구해야 하겠다. 복음은 전해지는 곳마다 변화의 역사를 일으킨다. 복음이 전파되는 곳에는 흑암의 세력이 물러가고, 새로운 빛의 세상이 된다.

신자는 오늘날 빛이 되신 예수의 복음전도를 통하여 세상을 밝혀가는 사명을 부여받았다. 그러므로 기도하면서 이 사명을 감당하도록 하는데 신앙의 초점을 맞추는 것이 중요하다.

※ 다음을 읽고, 바울이 변하여 주님의 복음을 위해 무엇으로 사용되는지 살펴보자.

☞ 행 13:1-3을 읽으시오. (p.208)

나눔의 시간

1. 오늘의 공부를 통해 느낀 점을 말해 보시오.

2. 말씀의 인도함을 받는 삶이 어떤 것인가?

제18과

축복의 문을 열라

- 본문 / 창세기 14:17-24 (p.17)
- 찬송 / 50, 49, 327

할렐루야! 전도합시다!

십일조의 의미

창세기에는 모든 인류의 기원에 대해서 기록되어 있다. 천지 만물의 기원, 사람의 기원, 죄와 구속의 기원, 축복과 저주의 기원 그리고 십일조에 관한 기원이 기록되어 있다. 성경은 아브라함이 살렘 왕 멜기세덱에게 드린 최초의 십일조에 대해서 기록하면서 십일조의 의미, 성격과 축복에 관하여 언급하고 있다.

존 록펠러는 "만일 내가 가난한 소년이었을 때에 십일조를 드리는 일을 배우지 않았다면 내가 지금 수백만 달러의 십일조를 결코 할 수 없을 것이다" 라고 고백한다. 모든 성도들이 십일조를 생활화함으로 가정과 교회에 큰 축복이 임하길 소망한다. 그렇다면 우리의 물질축복의 근본이 되는 십일조에 대해서 알아보도록 하자.

1. 십일조는 하나님의 것으로 구별시킨 것이다

엄밀한 의미에서는 십분의 일이 하나님의 것이 아니고 십분의 십이 모두 다 하나님의 소유로서 하나님의 목적과 의도에 따라 잘 관리해야 하는 것이지만, 그중에서 십일조는 나의 재량권을 넘어선 것이기에 마땅히 하나님께 구별되이 드려 하나님의 나라를 위해 사용되어야 한다.

☞ 레 27:30-33을 읽으시오. (p.191)

....

....

....

2. 십일조는 하나님의 은혜에 감사하는 마음의 표시이다

아브라함은 고대의 4개국과 전쟁을 했는데, 318명의 군사로 승리하고 돌아왔다. 이것은 하나님이 배후에서 역사하셨기 때문에 승리할 수 있는 싸움이었다. 조카 롯과 가족, 친지들도 모두 구출해 올 수 있었다. 이때 살렘 왕 멜기세덱이 아브라함을 맞이하자 아브라함은 하나님께 대한 은혜와 감사의 표시로 그에게 십분의 일을 드린다. 여기에 나오는 살렘 왕은 신약에서의 예수 그리스도의 모형을 상징한다(히 7:1-3).

야곱도 형의 장자권을 빼앗고 고향집에서 나와 외삼촌 집으로 향하는 벧엘이라는 길목에서 서원하기를 하나님이 나와 함께 계셔서 나를 지키시고 평안히 다시 돌아오게 하시면 반드시 십분의 일을 드리겠다고 약속한다. 하나님은 그 기도를 들어주시고 그에게 12명의 자식과 부인들과 풍성한 축복을 허락하셨다.

☞ 창 14:18-20을 읽으시오. (p.17)

....

....

....

☞ 창 28:20-22을 읽으시오. (p.41)

....

3. 십일조는 축복의 열쇠이다

마태복음 6장 19-20절에 보물을 땅에 쌓아두지 말고 하늘에 쌓아두라고 했다. 예수님은 "네 보물 있는 그 곳에는 네 마음도 있느니라" 고 말씀하셨다.

성경에서 하나님을 시험하여 보라고 언급하는 구절은 그렇게 많지 않다. 그러나 십일조에 관한 것을 시험해 보라고 말씀하시면서 하늘 문을 열고 십일조를 하는 모든 백성에게 풍성한 복을 주시겠다고 약속하셨다.

☞ 말 3:8-12을 읽으시오. (p.1330)

4. 십일조는 성도의 의무이다

이스라엘 백성들은 매년 토지소산의 십분의 일을 하나님께 드렸다. 또한 매 삼 년 끝에 그해 소산의 십분의 일을 다 내어 성읍에 저축하고 레위인과 고아와 과부들을 배부르게 하라고 하나님이 명령하셨다. 예수님도 서기관들과 바리새인들을 책망하시면서 공의와 사랑을 버리지 않도록 지시할 뿐만 아니라, 십일조도 마땅히 드려야 하는 것이라고 말씀하셨다. 그러므로 성도에게 있어서 십일조는 내 것이 아니라 하나님의 것이라는 사실을 인식해야 한다.

다음을 읽어 봅시다.

☞ 신 14:22-29을 읽으시오. (p.285)

☞ 마 23:23을 읽으시오. (p.40)

나눔의 시간

1. 오늘의 말씀을 통해서 느낀 점을 말해 봅시다.

2. 십일조를 드렸을 때의 축복에 대한 체험을 말해 보자.

제19과

가장 귀한 것을 드리라

- 본문 / 누가복음 21:1-4 (p.132)
- 찬송 / 211, 215, 321

할렐루야! 전도합시다!

하나님께서 기뻐하시는 예물

하나님께 많은 물질을 드리고도 동기와 방법이 잘못되어 예수 그리스도로부터 칭찬받지 못하는 일들이 많다. 그러나 우리는 헌금을 드리고 의로 인정받는 축복자가 되어야 한다.

본문은 예수께서 부자가 연보궤에 헌금 넣는 것과 과부가 두 렙돈을 넣는 것을 보시고 제자들에게 합당한 헌금에 대하여 가르치신다. 그렇다면, 어떤 것이 예수께서 원하시는 헌금인가?

1. 힘대로 할 뿐 아니라 힘에 지나도록 하는 헌금이다

주님은 외적인 가치보다 내적인 동기에 기초한 헌금을 원하신다. 오늘날도

합리적이고 타산적인 교인들이 많다. 이것이 부자가 드린 헌금이었을 것이다. 그러나 우리의 희생과 헌신은 결코 정상적인 데에서 멈추는 것이 아니다. 또한 합리적 사고에서는 결코 주를 위한 희생의 결단이 우러나올 수 없다. 오직 심은 대로 받게 됨을 믿는 믿음의 기초 위에 설 때만이 과부처럼 전체를 드릴 수 있다. 이렇게 드려질 때만이 하나님의 기뻐하심에 따라 더욱 놀라운 경험을 하게 될 것이다.

☞ 고후 8:3을 읽으시오. (p.293)

☞ 고후 8:15을 읽으시오. (p.294)

2. 가난 중에도 기쁨으로 자원하여 드려진 헌금이다

과부의 헌금은 하나님을 사랑하는 마음에서 나온 자원하는 헌금이었다. 그녀의 헌금은 자기 희생을 각오한 넉넉한 헌금이었다. 그리고 기쁨으로 드려진 헌금이다. 하나님께 드려지는 헌금은 부득이 함으로 해서는 안 된다. 오직 감사와 기쁨이 넘쳐 자원함으로 드려져야 한다.

하나님은 그 예물만을 기뻐하신다. 흔히 헌금에 대한 말씀을 언급하면 나쁘게 여기는 경향이 있다. 살기도 힘든데 헌금을 권장하여 마음에 부담을 주고 시험이 들게 되므로 은혜가 되지 않는다고 불평한다. 그럼에도 불구하고 성도를 사랑한다면 헌금에 대하여 바르게 가르쳐야 한다. 왜냐하면 사람이 생각하는 잘못된 배려 때문에 하나님의 큰 은혜를 막아버리기 때문이다. 누구든지 하나님께 대한 희생 없이는 결코 은혜의 깊은 곳으로 나아갈 수 없다.

가난함에도 불구하고 희생을 감수하며 감사의 예물을 드릴 때 더 깊은 은혜의 세계를 경험하게 된다.

☞ 고후 8:1-2을 읽으시오. (p.292)

☞ 고후 8:9을 읽으시오. (p.293)

3. 물질에 앞서 자기 자신이 바쳐지는 헌금이다

예수님의 관점은 사람들과의 관점이 다르다. 즉, 헌금은 외적인 액수보다 내적인 동기를 보신다는 점이다. 하나님께는 우리의 무수한 제물이 전혀 유익함이 없고, 수양의 번제와 살진 짐승에 수송아지나 숫염소의 피를 기뻐하지 않으시고, 오직 우리의 마음을 원하신다. 그러므로 온 마음과 정성이 없는 헌금은 결코 주님을 기쁘게 할 수 없다. 주님이 인정하시는 헌금은 우리의 시간과 물질과 생명까지 드려진 것만이 의로 인정받는 축복자가 된다.

☞ 사 1:11을 읽으시오. (p.968)

☞ 잠 23:26을 읽으시오. (p.937)

나눔의 시간

1. 우리는 지금까지 어떤 모습으로 헌금을 드렸나 말해 봅시다.

2. 과부와 같은 헌금을 드릴 때 방해되는 것이 무엇인지 나누어 봅시다.

제20과

즐거이 드리자

- 본문 / 역대상 29:1-5 (P.653)
- 찬송 / 524, 341, 370

할렐루야! 전도합시다!

감사생활

감사생활은 인간만이 할 수 있는 것이다. 그것은 인생의 본분이며 동시에 우리의 삶을 더욱 윤택하게 하며, 더욱 풍성케 하는 비결이 된다. 특히 하나님을 섬기는 성도들은 하나님의 무한한 은혜에 대하여 감사를 드려야 한다. 이러한 감사의 마음을 표현하는 방법 가운데 하나가 곧 헌금이다. 마음에서 우러나오는 감사의 표시로 바치는 예물은 액수의 많고 적음에 관계없이 값진 헌금이다.

본문에서는 다윗이 이스라엘 성전 건축을 위해 자발적으로 자신이 몸소 모범을 보인다. 당시 왕의 재산은 왕궁을 유지하거나 위험에 대비하여 반드시 필요한 것이었는데 다윗은 이 모든 것을 여호와의 전을 위하여 바친 것이다.

어떻게 다윗은 자신의 생명과도 같은 귀중한 재산을 여호와께 드릴 수 있었나?

1. 하나님의 무한한 은혜에 대한 감사 때문이었다

흔히 일어나는 문제 가운데 하나는 헌금으로 인한 시험이다. 헌금을 의무감이나 억지로 하거나 혹은 축복의 조건으로 하는 경우가 많다. 거기에서 인색함도 생기고 타산적이기도 하며 아까운 생각이 들어 시험에 빠지기 쉽다. 우리가 헌금하기에 앞서 근본적으로 생각할 것은 왜 헌금을 드리는가에 있다. 헌금은 하나님의 무한한 은혜에 대한 감사의 표현이어야만 한다. 축복은 그 다음의 문제이다. 본문에서 다윗은 자신이 성전을 짓는 것도 아니고, 아들 솔로몬을 택하여 짓게 된 것을 오히려 큰 역사라고 말한다. 연약한 중에도 사람을 위한 것이 아닌 여호와를 위한 사역을 할 수 있는 것에 하나님의 큰 은혜로 여기고 있다.

하나님의 은혜에 대하여 다윗은 어떻게 감사의 표현을 했나?

① 힘을 다하여 드리고 있다.

다윗은 하나님의 전을 짓기 위해 힘을 다하여 성전에 쓸 기구들을 예비하였다. 금과 은 그리고 놋과 철 이외에 보석과 화반석 등 각종 것을 준비하였다. 다윗은 참으로 여호와께 바치겠다는 마음에서 힘을 다하여 드리고 있다. 이것이 하나님의 은혜에 대한 감사의 표현이다.

☞ 대상 29:2을 읽으시오. (p.653)

....

....

....

② 하나님의 전을 사모하여 드리고 있다.

사람은 사모하는 마음이 있을 때 진정으로 상대방에게 헌신코자 하는 마음을 갖게 된다.

다윗은 하나님을 진심으로 사랑하고 사모하여 하나님의 성전 짓기를 갈망했다. 다윗이 성전을 자신의 개인적인 재산을 드려 건축할 수 있었던 것도 그만큼 하나님의 전을 사모했기 때문이다. 왕의 자리는 얼마든지 공적인 것으로 처리할 수 있을 것이다. 그러나 다윗은 하나님을 사모하는 마음이 특심하였기에 자신의 것으로 하나님의 성전을 세우기를 갈망하였던 것이다.

☞ 대상 29:3을 읽으시오. (p.653)

③ 즐거운 마음으로 드리고 있다.

다윗은 누구의 강요에 의해서 억지로 드리는 감사자가 아니었다. 자원하는 마음의 진정한 감사는 즐거움으로 드려지게 된다. 인색함으로나 억지로 드리는 감사를 하나님은 즐겨하지 않으신다. 아나니아와 삽비라는 자신들의 재산을 교회에 드릴 때 아까운 생각이 들어 즐거이 드리지 못하여 그만 비참한 최후를 맞이하게 된다.

☞ 대상 29:5을 읽으시오. (p.653)

☞ 고후 9:7을 읽으시오. (p.294)

2. 하나님에 의한 은혜에 대한 믿음의 표현이다

이 일은 누구나 할 수 있는 일이 아니다. 권력과 재물로 되는 일이 아니고, 재능과 기술로 되는 일도 아니다. 오직 믿음에 의해서만 가능한 일이다. 스가랴 선지자의 믿음대로 "이는 힘으로 되지 아니하며 능력으로 되지 아니하고 오직 나의 영으로 되느니라"(슥 4:6)고 했다. 하나님께 모든 것을 드리는 것은 너무나 거룩한 일이다. 그러나 거룩한 신앙과 하나님에 대한 경외심이 없이는 결코 불가능한 일이다. 우리는 다윗과 같이 헌금을 통해서 우리의 신앙을 표현할 뿐 아니라, 우리의 전 존재와 전 생애를 바치는 일로도 표현되어야 한다.

나눔의 시간

1. 오늘의 말씀을 통해서 느낀 점을 말해 봅시다.

제21과

아름다운 예물을 드리라

- 본문 / 사도행전 4:36-5:6 (p.193)
- 찬송 / 315, 50, 597

할렐루야! 전도합시다!

나의 고백

주님! 나의 모든 것을 받으소서. 내가 가지고 있는 것은 무엇이든지 당신으로부터 온 것입니다. 주님에 의해 완전히 지배받기를 소망합니다. 저는 주님의 것이오니 저의 모든 것을 온전히 드리길 소원합니다. 주님께 드려질 때 주님의 사랑과 은혜가 내 속에 넘칠 것입니다. 그리고 나의 삶에 만족함이 있을 것입니다. 예수 그리스도 이름으로 기도드립니다. 아멘.

본문에서 바나바는 주님의 사랑과 은혜에 만족한 삶이었으나 아나니아와 삽비라는 하나님의 심판을 받았다. 그 이유는 바나바는 순수한 동기에서 자신의 밭을 팔아 하나님께 온전히 드렸다. 그것은 아름다운 예물이 되었다. 그러나 아나니아와 삽비라는 욕심으로 인하여 자신의 소유를 팔아 온전히 하나님께 드리지 못하고 성령까지 속이려다 하나님의 심판을 받았다.

바나바가 드린 예물은 어떤 것이기에 아름다운 예물이었고, 아나니아와 삽비라의 예물은 어떤 것이기에 하나님의 심판을 받았나요?

1. 바나바는 정직하게 드렸으나, 아나니아와 삽비라는 그렇지 못했다

우리는 주님의 청지기로 주님의 재물을 관리하다가 주께서 청산을 요구할 때 정직한 마음으로 바쳐 드려야 하는 것이다. 역대상 29장 17절에 "정직한 마음으로 이 모든 것을 즐거이 드렸사오며 이제 내가 또 여기 있는 주의 백성이 주께 자원하여 드리는 것을 보오니 심히 기쁘도소이다"라고 말씀하셨다.

우리가 하나님의 재물을 자기 것인 양 인색하고 교만한 마음으로 헌금한다면, 그것부터 하나님께 정직하지 못한 것이다. 우리는 생명도, 재산도 모두 다 주의 것인 줄 아는 정직함으로 주님께서 필요하다고 요구하실 때 주님께 돌려 드려야 한다. 이것이 온전히 드려진 아름다운 예물이다.

☞ 행 4:37을 읽으시오. (p.193)

....

....

....

☞ 눅 20:9-16을 읽으시오. (p.130)

....

....

....

2. 하나님을 기쁘게 하는 예물이어야 한다

주께서 우리에게 요구하시는 것은 사탄이 지배하여 드려지는 것이 아니라 성령께서 지배하여 드려지길 원하신다. 다시 말하면, 물질만 다 드렸다 하여 아름다운 재물이 아니라 하나님께 기쁘게 드려진 예물이 되어야 한다는 것이다. 주님께서는 '하늘에 계신 너희 아버지께서 온전하신 것 같이 너희도 온전하라' 말씀하시고 있다. 우리의 마음은 아직도 고집과 욕심으로 가득 차 주의 영에 이끌림 받지 못하고 의무감으로 헌금을 드릴 수밖에 없다.

그러나 우리가 성령의 지배를 받을 때는 온전한 마음으로 드릴 수 있으며, 이때만이 아름다운 예물이 될 수 있다.

☞ 행 5:3을 읽으시오. (p.193)

3. 바나바는 온전히 드렸으나, 아나니아와 삽비라는 그렇지 못했다

모든 물질과 마음을 다 드렸다고 온전히 하나님께 드려진 것은 아니다. 온전히 하나님께 드려진 예물이란 하나님에 대한 신뢰와 감사로 드려진 예물이다. 종교가 상술로 변할 때, 하나님을 투자 가치로 생각할 때 그것은 다 드렸다 해도 아나니아와 삽비라의 예물과 다름없다. 우리는 적어도 하나님께서 이 세상의 역사를 주관하시는 분이며, 만물이 주의 것이며 하나님의 것을 관리하는 청지기로서 하나님의 영광을 목적으로 드려야 한다. 복 받기를 위해 드려지는 예물이 아니라 우리의 일상의 모든 보호에 감사함으로 드려질 때 온전한 예물이 되며 행복해지는 비결이 될 것이다.

☞ 마 6:33을 읽으시오. (p.9)

☞ 행 5:4을 읽으시오. (P193)

나눔의 시간

1. 오늘의 말씀을 통해서 느낀 점을 말해 봅시다.

2. 아름다운 예물은 어떤 예물인지 말해 보자.

제22과

물질로 이웃을 사랑하라

- 본문 / 마태복음 19:16-22 (P.32)
- 찬송 / 505, 511, 537

할렐루야! 전도합시다!

물질의 쓰임

오늘날 우리는 자본주의 사회체제 안에서 살아가고 교회도 역시 자본주의적 경제구조의 영향을 받고 있다. 따라서 믿는 신자들의 삶까지도 기독교 정신이 무너져 버린 무서운 물질만능의 죄악의 원리로 둔갑해 버릴 수 있다. 그뿐만 아니라 물질의 근본적 소유주는 오직 하나님이라는 사실을 도외시하고, 주위의 굶주린 형제들을 외면한 채 자신의 욕망대로만 물질이 쓰여지고 있는 문제가 있다. 우리가 얼마나 많은 물질을 소유하느냐보다 물질을 어떻게 사용하고 활용해야 할 것인가에 관심이 집중되어야 한다.

본문에 한 청년의 이야기를 통해서 주님이 진정 원하시는 것이 무엇인지 깨달아 보자. 한 청년이 무슨 선한 일을 행하여야 영생을 얻겠느냐고 질문하자, 주님은 "계명들을 지키라" 고 말씀하셨다. 덧붙여서 "네 소유를 팔아 가난한 자들에게 주라 그리하면 하늘의 보화가 네게 있으리라"고 말씀하셨다. 그렇다면, 예수님께서는 우리가 물질을 어떻게 쓰길 원하시는가?

1. 물질은 반드시 하나님을 위해 써야 한다

바리새인이 어느 계명이 가장 크냐고 묻는 말에 예수님은 두 가지 계명을 말씀하셨다. 첫째가 하나님을 사랑하라는 말씀이고, 둘째는 이웃을 사랑하라는 말씀이다. 여기서 우리는 하나님에 대한 사랑과 이웃에 대한 사랑 두 가지는 우리의 재물을 먼저 하나님을 위해서 써야 한다는 결론을 얻게 된다. 우리는 재물을 맡겨주신 하나님의 뜻을 실현하기 위해서 우리의 헌금이 필요하다. 하지만 우리가 기억할 것은 헌금은 반드시 교회 중심으로 이루어져야 하며 교회는 헌금된 것을 모두 하나님을 위해 써야 한다. 하지만 내가 헌금을 감독하는 자가 아니라는 것을 알아야 한다.

잘못 쓸 경우에는 하나님께서 심판하실 것이다. 나는 다만 교회 중심으로 드릴 뿐이다. 우리가 하나님을 위해서라면 전 재산을 쏟아 가면서라도 하나님을 기쁘시게 하며 하나님과 화목해야 할 것이다.

☞ 학 1:1-11을 읽으시오. (p.1310)

....

....

....

2. 물질은 하나님의 일을 위해 써야 한다

초대교회에서 임명받은 일곱 집사들의 직무는 가난한 형제를 구제하는 것만이 아니다. 이웃 사랑은 구제만을 의미하는 것이 아니라 구제보다 더 큰 의미가 포함되어 있다. 예를 들어 예배하는 일, 하나님의 나라를 확장하는 일 등을 위해 쓰는 것이다. 그러므로 물질로 꼭 구제만을 강조하는 것은 잘못된 것이다. 그리고 구제나 이웃에게 베푸는 일들은 무조건적인 구제가 아니라 그것을 통해 복음의 씨를 뿌리고 영혼을 구원하기 위한 구제가 되어야 한다.

☞ 눅 4:18-19을 읽으시오. (p.94)

3. 물질은 이웃을 위하여 써야 한다

마태복음 25장 40절 이하에서 "지극히 작은 자 하나에게 한 것이 곧 내게 한 것"이라고 주께서 말씀하셨듯이, 주님을 사랑한다면 우리 주변의 가난하고 힘없고 헐벗고 굶주리는 자들에게 우리의 관심이 집중되어야 한다. 우리 자신을 위해서는 사치와 낭비를 아끼지 않으면서 이웃의 병들고 아픈 자들과 헐벗은 자를 외면한다면, 그는 주님에 대하여 잘못 알고 있거나 주를 사랑하지 않는 것이다. 교회에서 충성스럽게 일하고 예배하는 것도 중요하지만, 또한 가난한 자들을 구제하는 것도 무엇 못지않게 중요한 일이라고 성경은 말한다.

☞ 눅 12:33-34을 읽으시오. (p.115)

나눔의 시간

1. 오늘의 말씀을 통해서 느낀 점을 말해 봅시다.
2. 진정한 이웃사랑에 대해 구체적으로 말해 보자.

제23과

향기로운 제물을 드리라

- 본문 / 빌립보서 4:10-20 (p.322)
- 찬송 / 276, 259, 252

◇

할렐루야! 전도합시다!

주님의 향기

선교라는 말은 '보낸다'는 뜻이다. 성경의 총 주제는 '예수 그리스도의 구원'과 '복음 증거'인데, 이를 선교라는 말로 표현할 수 있다. 바울은 예수 그리스도를 만난 후에 그의 삶의 모든 것을 선교를 위해 헌신했다. 모든 그리스도인의 최고의 사명은 전 삶을 통하여 그리스도의 증인이 되는 것이다. 선교는 보내는 자가 있고, 보내지는 자가 있다. 보내는 자와 보내지는 자와의 연합을 통해 하나님의 나라는 확장된다.

본문에서 바울은 감옥에 갇히게 되었고, 이 소식이 빌립보 교회에 전해졌다. 빌립보 교인들은 바울을 돕고자 했지만, 처음에는 마땅한 기회를 얻지 못했다. 이제 빌립보 교인들이 그에 대한 관심과 사랑을 보일 기회를 얻어 헌금을 보내게 된 것이 바울에게는 큰 용기와 위로가 되었고, 하나님을 기쁘게 하는 향기로운 제물이 되었다.

어떻게 드려진 헌금이기에 바울에게는 큰 용기와 위로가 되었고, 하나님을 기쁘시게 한 향기로운 제물이 되었는가?

1. 선교에 동참하는 빌립보 교인들의 마음의 표현이었다

선교는 파송 선교사와 후원자가 있다. '파송 선교사' 란 본인이 선교지에 나가서 복음을 전파하는 사람을 말한다.

'후원자' 란 본인이 직접 선교사로 나가서 복음을 전파하는 것은 아니지만 선교를 위해 행정, 기도, 헌금 등으로 후원하는 선교사를 말한다. 빌립보 교회 교인들은 바울의 철저한 후원자였다. 물질의 후원뿐만이 아니라 확실한 기도의 후원자였고, 어려움과 고통을 함께한 후원자들이었다. 항상 바울과 그의 선교를 생각하며 빌립보 교인들은 선교를 피하려 하는 것이 아니라 기회를 얻으려 했었던 마음의 표현을 헌금으로 보냈다. 보내는 자와 보내지는 자의 연합을 통하여 하나님 나라를 확장하는 것이다.

☞ 빌 4:10을 읽으시오. (p.322)

2. 하나님께서 필요할 때 바쳐진 예물이었다

세상 만물의 주인 되시는 하나님께서는 성도들의 손길을 통해서 일하시며 섬김 받길 기뻐하신다. 또 그 물질을 통해서 하나님의 사업이 성취되길 원하신다. 그뿐만 아니라 하나님께서 특수한 사업을 성취시킬 때 그때그때마다 물질과 인재를 필요로 하신다. 예컨대 이스라엘이 바벨론의 포로생활에서 해방되어 귀환하자 훼파된 성전을 재건하는 것이 시급하였다. 그때 물질이 필요하였으나 하나님은 이방인들의 손에서 찾으시길 원치 않고 택한 백성의 손에서 찾기를 원하신다. 우리는 하나님의 나라 확장을 위해 물질의 필요성이 자각될 때 다음 기회로 미루는 경향이 많다. 만약 우리가 기회를 미룬다면 하나님은 그때까지 그가 헌금하도록 기다리지 않는다. 아마도 다른 사람의 손을 통해 계획하신 바를 성취하실 것이다.

하나님께서 필요하다고 하실 때 바치지 못한 물질은 강제적이라도 빼앗길 것이다. 우리의 생명이 무엇이며 하루 동안에 무슨 일이 벌어질는지 누가 알 수 있겠는가? 빌립보 교인들이 바울에게 보낸 선교헌금은 바로 그에게 가장 필요했고 하나님께서도 가장 필요한 시기였다. 그러기에 그 예물이 받으실 만한 향기로운 예물이요, 하나님을 기쁘시게 한 것이다(18절).

우리는 언제나 다음에 하겠다고 생각한다. 하지만 이제는 기회를 찾아 지금 필요하다고 할 때 적게라도 드림이 마땅한 일이며 축복받는 비결이다.

☞ 막 12:42-43을 읽으시오. (p.77)

☞ 눅 12:20-21을 읽으시오. (p.115)

나눔의 시간

1. 오늘의 말씀을 통해서 느낀 점을 말해 봅시다.

2. 내가 처한 환경에서 어떻게 선교를 하고, 선교사를 도울 것인가를 말해 보자.

제24과

은사를 강하게 소유하라

- 본문 / 베드로전서 4:7-11 (p.381)
- 찬송 / 196, 323, 187

할렐루야! 전도합시다!

이기는 힘

성도들은 예수를 믿고 구원받은 하나님의 자녀들이다. 성도는 그리스도의 피로 중생하여 그리스도와 연합된 새로운 피조물이 되었으므로 구원받기 전과는 다르게 그리스도를 본받는 삶을 살 수밖에 없는 것이다(고후 5:17). 그러기 위해서는 일생 죄에 빠지지 않으려는 노력과 죄인들을 구원하기 위한 지상명령과 하나님께 영광을 돌리기 위하여 무한한 노력(7-11절)을 해야 한다.

그러나 이런 모든 것도 나의 결단과 힘은 여지없이 무너질 수밖에 없는 연약한 존재이다. 그러므로 성령님의 은사를 강하게 소유하여 세상과 나 자신과 사탄의 권세를 이기는 힘을 가져야 한다. 특별히 영적인 은사를 강하게 받아서 재능과 은혜로 교회를 봉사해야 하며 하나님의 뜻에 부합하게 일하는 자들이 되어야 한다.

그렇다면, 어떻게 해야만 강한 은사를 소유할 수 있는지 알아 보자.

1. 정신차려 기도하라

"너희는 정신을 차리고"라는 말은 신자가 말세의 혼란한 사회에 살다가 보면 자신도 모르게 믿음의 판단이 흐려지게 되고, 인간적인 생각에 사로잡히게 되는 일들이 발생하기 쉽기 때문에 주어진 말이다. 그러므로 교회의 생활을 하는 성도들이 자칫 잘못하면 하나님의 뜻보다는 인간적인 생각에 사로잡혀 그것이 옳다는 주장을 앞서게 되면 모든 일을 그르치게 된다. 그러기 때문에 성도들은 정신차려서 기도에 힘쓰는 일을 하지 않으면 안 된다. 특별히 기도하기 위해서는 목적이 있어야 하고, 목적이 설정되었다면 '힘쓰지' 않고서 깨어 기도할 수 없다는 것이다. 기도의 시간은 언제나 나에게 주어지는 것이 아니다. 하나님의 무한한 능력을 힘입는 일에는 인간적인 한계를 뛰어넘는 힘쓰는 기도 없이 그냥 되어지는 것이 아니다. 인간의 힘으로만 감당하기에 벅차고 힘겨운 일이 그리스도인의 생활이다.

그렇다면, 어떻게 기도해야 하는지 성경에서 해답을 찾아보자.

☞ 벧전 4:7을 읽으시오. (p.381)

....

....

....

☞ 마 26:41을 읽으시오. (p.47)

....

....

2. 은사를 사모하라

은사란 신자가 믿음생활을 아름답게 하도록 돕기 위해서 주신 영적인 도구요, 선물이다. 하나님께서는 각종 은사를 하늘에 쌓아 두고 사모하는 자들에게 주시려고 모든 준비를 마치셨다(시 31:19). 그러므로 신자는 그 은사를 귀하게 여겨 갈망하고, 주님의 몸된 교회를 위해서 사용하도록 해야 한다.

루디아는 그 은혜를 사모하여 자기에게 전도한 바울을 청하여 말하기를 "만일 나를 주 믿는 자로 알거든 내 집에 들어와 유하라" 고 하면서 강권하였다(행 16:15). 하나님은 은혜를 사모하는 자들에게 풍성한 것으로 베풀어 주시기를 원하신다.

다음 성경을 찾아보고, 당신도 은사를 사모하여 교회에 필요한 일꾼이 되자.

☞ 고전 12:31을 읽으시오. (p.278)

☞ 막 4:24-25을 읽으시오. (p.58)

3. 은사를 활용하라

고린도전서 14장을 자세히 읽어 보면 성령의 나타나심에 대한 지식이 결핍됨으로써 어떤 모임은 시끄러워진 경우도 있다. 그 이유는 은사의 가장 중요한 부분을 잊어버렸기 때문이다. 그 중요한 은사의 중심은 사랑이라는 것이다. 사랑의 은사는 각종 하나님께서 주시는 은사를 빛나게 한다.

그렇다면, 우리가 어떻게 할 것인가?

① 은사는 분명한 목적대로 행해야 한다.

진정한 은사의 목적은 불신자를 개종케 하여 구원하며 신자들의 믿음을 격려하고 교회의 덕을 세우는 데 있다. 그러나 조그만 은사를 받은 것을 가지고서 교회를 비난하거나 자신의 영적 교만은 금물이다.

☞ 고전 14:3-4을 읽으시오. (p.279)

....

....

....

② 자제력을 가져야 한다.

어떤 은사를 활용하는 일에서는 반드시 자제력이 있어야 한다. 다시 말하면 절제하므로 덕을 세워야 한다.

☞ 벧후 1:5-7을 읽으시오. (p.383)

....

....

....

③ 질서가 있어야 한다.

아름다움을 창조하신 위대한 하나님께서는 무질서한 일을 가장 싫어하신다. 그러므로 성령께서 능력으로 역사하시는 곳에 자신이 스스로 순종하며 복종할 줄 아는 사람이라면, 교회에 덕을 세우지 못할 일은 없을 것이다.

☞ 고전 14:40을 읽으시오. (p.281)

....

....

....

나눔의 시간

1. 오늘의 말씀을 통하여 느낀 점을 말해 봅시다.

2. 당신은 하나님의 교회를 위해 어떤 은사를 사모하고 강하게 활용하고 있습니까?

제25과

오순절의 성령을 체험하라

- 본문 / 사도행전 2:1-13 (p.188)
- 찬송 / 185, 214, 190

할렐루야! 전도합시다.

성령 충만

오순절은 유대인의 중요한 축제일 가운데 하나이다. 오순절은 유월절 다음날부터 계산하여 50일째 되는 날로 구약성경에 맥추절, 칠칠절이라고도 했다. 유대인들은 이날에 처음 익은 첫 열매를 하나님께 바치고(민 28:26), 주님과 언약을 새롭게 하였다. 예수께서 약속하신 성령을 기다리며 마가의 다락방에 모여 기도하던 120문도들에게 성령이 임한 사건도 오순절이다. 따라서 오순절은 그리스도의 사역의 성취이며, 그리스도의 부활을 증거하기 위하여 성령이 오심이다.

그렇다면, 어떻게 지금도 오순절의 성령을 체험하고 교회에 충성하며 기쁨으로 봉사하는 믿음을 가질 수 있을까 생각하여 보자.

1. 모이기를 힘썼다(1절)

오순절의 역사는 한마디로 흩어지지 않고 다같이 모이는 동기에서부터 시작된다. 성도들은 다른 사적인 모임을 갖거나 주일 예배를 등한시하는 어리석음을 범하지 말아야 할 것이다.

성령을 체험한 사람들이 조심할 것 한 가지가 있다. 기도원을 열심히 찾아다니는 것보다 더 열심히 교회의 모임과 봉사하는 일에 힘써야 한다는 것이다. 제자들은 열심히 모여서 기도할 때 성령이 충만하게 되었고, 사람들은 그의 가르침을 받아 서로 교제하며 봉사하는 일에 힘쓰게 되었다. 지금도 성령 충만한 사람들은 교회에서 모임이나 집회 시간이 기다려진다.

다음을 읽어 봅시다.

☞ 계 3:15-16을 읽으시오. (p.402)

☞ 히 10:25을 읽으시오. (p.364)

2. 기도하기를 힘썼다(42절)

성령이 충만한 사람이라도 기도에 힘쓰지 않으면 그 감격이나 능력이 상실된다. 성령이 충만한 사람들을 보면 언제나 모여서 합심기도하며, 봉사해야 할 일들을 서로 의논하고 지속적인 기도모임을 통해서 계속적인 충만함으로 감격을 유지하는 것이다. 신자가 기도하는 일을 포기하면 그때부터 인간적인 생각에 사로잡혀서 일하는 일꾼이 되고 말 것이다. 어떤 이유를 막론하고 기도하지 않는 일꾼이 머물 수 없는 곳이 교회의 사역 현장이다.

베드로는 회개한 후 기도의 장소와 시간을 정해놓고 기도하는 습관을 가졌는데, 그가 가는 곳마다 기적적인 체험을 가지게 되었다.

그렇다면, 우리의 기도에서 우선 고려해야 할 것은 무엇인가?

☞ 마 6:33-34을 읽으시오. (p.9)

....

....

....

3. 방언의 체험을 가졌다(5-13절)

그들은 성령 강림하심으로 가장 먼저 방언을 체험하게 되었다. 이들의 방언은 세상 사람들이 결코 알아들을 수 없는 방언이었다. 그러나 이 사건을 통하여 예수 그리스도를 증거하게 되는 하나님의 큰일을 보여 주시는 능력으로 나타나게 된 것이다. 제자들에게는 이 방언은 약속된 성령이 임하셨던 것이요, 하나님께서 살아 계시다는 증거가 된 것이다. 그러나 방언만이 성령 받은 증거요, 살아 계신 하나님의 나타나심이라고 고집해서는 안 된다. 오순절의 독특한 성령의 역사는 그들만을 위한 것이 아니라, 오늘날 교회와 나 자신을 위한 것이기도 하다.

그렇다면, 여기에서 우리에게 주시고자 하는 교훈은 무엇인가?

☞ 고전 14:4을 읽으시오. (p.279)

....

....

....

☞ 행 1:8을 읽으시오. (p.187)

....

....

....

....

4. 찬양이 넘쳤다(47절)

성령을 체험하지 못한 사람은 유행가 부르는 것을 즐겁게 여기게 된다. 그러나 성령을 충만케 경험한 사람은 찬송을 통하여 감격하는 경험을 가지게 된다. 이들은 생활 속에서도 찬송과 함께 살며, 찬송의 의미를 깊이 생각하여 감사하는 생활을 가지게 된다. 찬송은 단순히 노래로 그치는 것이 아니라 능력을 소유하게 되는 힘을 가지고 있다.

다음 성경에서 찬송이 임하는 능력을 체험해 보자.

☞ 행 16:25-26을 읽으시오. (p.216)

나눔의 시간

1. 오늘의 말씀을 통하여 느낀 점을 말해 봅시다.

2. 다음 성령의 충만함을 받기 위해 무엇을 해야 하는지 함께 이야기해 보자.

제26과

기도의 산으로 올라가라

- 본문 / 누가복음 22:39-46 (p.135)
- 찬송 / 433, 342, 539

할렐루야! 전도합시다!

기도하는 습관

예수님은 한 주간 내내 감람산에서 밤을 보내면서 중대한 문제를 앞두고 특별기도를 하셨다. 예수님의 기도는 땀이 핏방울이 되기까지 애쓰시며 하는 기도였다. '힘쓰고 애써' 라는 말은 영어성경에 '고뇌 속에서' 라는 말로 번역이 되는데, 신약성경에서는 이 단어가 여기에만 한 번 쓰여졌다고 한다. 그렇다면, 무엇이 이처럼 예수님을 고뇌의 절정에 몰아넣게 되었는가?

우리도 예수님의 기도의 습관을 배워 산에서 고뇌의 기도로 내일을 준비하고, 세상 유혹을 물리쳐서 하나님의 뜻을 이루어 드리는 자가 되어야 할 것이다.

1. 기도의 습관을 가져라(39절)

독일 전쟁사에 한 통신병의 처절한 죽음의 얘기가 실려 있다. 폭풍우가 몰아치는 깊은 밤, 적군에게 포위된 야전군으로부터 긴급구조를 요청하는 S.O.S의 다급한 목소리가 도중에서 끊어지고 말았다. 통신병이 급히 전선을 점검하던 중에 언덕 위 전선이 잘려진 것을 발견하고 연결을 시도했지만 전선은 1미터 가량이나 모자랐다. 생각다 못해 통신병은 양쪽 전선을 벗겨 양손으로 잡아 긴급구조 요청의 내용이 지원 본부에 전달되게 한다. 이른 아침 이 통신병은 시체로 발견되었고 사망의 원인은 감전사로 기록이 되었다. '한 손엔 포위된 야전군의 아픈 사연을 붙들고, 또 한 손은 지원 본부를 향했던' 이 장한 젊은이의 모습에서 우리 기독교인은 무엇을 느끼는가? 우리의 가장 중대한 문제를 소홀히 넘기고 좋은 기도의 습관을 버릴 셈인가?

습관이란 한 가지 일을 반복적인 훈련을 통해서 얻어지는 결과라고 볼 수 있다. 성도들에게 좋은 습관은 매우 중요하다. 특별히 기도의 좋은 습관을 갖는 자가 되도록 하자.

☞ 행 3:1-10을 읽으시오. (p.190)

....

....

....

☞ 행 10:2을 읽으시오. (p.203)

....

....

....

2. 내일을 기도로 준비하라(42절)

성도들이 이 세상을 살아가다가 보면 언젠가 막히는 문제가 생기게 된다. 그때 하나님의 뜻을 저버리고 주술적인 신앙을 찾게 되거나 아니면 실의에 빠지게 된다. 성도들은 이때를 대비하여 준비하는 지혜가 필요하다. 기도로 준비하는 성도들에게 성령께서는 우리의 연약함을 도우신다는 확실한 보증을 준다. 성령께서는 우리의 연약함을 도와주시고, 우리에게 도움을 주고 우리에게 보조적인 역할을 해 주고, 우리의 짐을 함께 져 주시고, 그 문제를 해결해 나가도록 도우신다. 그뿐만 아니라 주님이 쓰시는 능력있는 성도의 자리를 지키게 도우신다.

그렇다면, 예수님은 무엇을 위하여 산에서 긴 밤을 지새우며 기도로 준비하셨는지 알아보자.

☞ 마 26:39을 읽으시오. (p.46)

※ 예수님에게 가장 큰 문제는 구속사업의 완성이셨다. 그러나 메시아적 사명은 너무나 분명했지만, 육신을 입으신 인성(人性)은 커다란 번민과 고통을 가져다준다. 그렇지만, 마침내 예수는 하나님의 뜻에 순복하기로 결심한다.

3. 시험을 이기는 능력을 가지라(40절)

예수님의 고뇌와는 아랑곳없이, 예수님의 부탁과 경고에도 불구하고 잠을 자고 있는 제자들을 볼 수 있다. 여기에서 예수님은 앞으로 다가올 시험을 대비해야 할 것을 당부하고 계신다. 기도가 요구되고 있는 사람에게는 반드시 '힘써 기도' 해야 할 의무가 있다. 그럼에도 불구하고 기도를 포기하고 신앙의 깊은 잠을 자고 있다면, 반드시 어려운 시험에 빠지게 된다. 예수님의 제자들도 결정적인 순간에 예수님을 버리고 도망하는 수치스러운 시험을 만나게 된다. 당신도 시험을 당하겠는가? 아니면, 시험을 이기겠는가? 결단하는 신자의 행동은 무릎

끓는 기도뿐이다. 그럴 때 능력 있는 성도가 될 수 있다.

다음 성경을 찾아보고, 시험을 이기는 성도는 어떻게 해야 하는지 생각해 보자.

☞ 눅 22:41을 읽으시오. (p.135)

☞ 계 3:10-11을 읽으시오. (p.402)

나눔의 시간

1. 오늘의 말씀을 통해서 느낀 점을 말해 봅시다.

2. 기도로 준비하여 시험을 이겨낸 경험을 이야기해 보자.

제27과

은사들을 활용하라

● 본문 / 고린도전서 12:4-11 (p.277)
● 찬송 / 433, 342, 539

할렐루야! 전도합시다!

성령의 은사

성령의 은사를 받은 사람들이 그 은사를 활용하는데 있어서 은사의 주요한 목적이 무엇인가를 바르게 배우지 않고 인위적으로 활용하게 될 경우 교회에는 많은 혼란을 가져오게 된다.

성령의 은사란 신자들을 바르게 가르치고 새로운 개종자 즉, 구도자들을 얻음으로써 하나님의 교회의 덕을 세우기 위한 목적을 성취시키는데 필요한 영적 능력을 말하는 것이다(엡 4:7-13). 바울은 성령의 아홉 가지 은사를 지혜의 말씀, 지식의 말씀, 믿음, 병 고치는 은사, 능력의 은사, 예언, 영적 분별력, 방언, 방언을 통역하는 은사라고 했다. 바울이 이러한 여러 은사가 있음을 강조한 것은 일치된 신적 공동체로서의 교회를 강조하기 위함이었다. 당시 고린도 교회에는 자신의 은사만이 최고의 은사인 것처럼 잘못 생각하는 사람들이 있었기 때문에 은사에 대한 올바른 개념을 제시했던 것이다.

주도 하나요, 성령도 하나인 것처럼 하나님께서 각 사람에게 각기 다른 은사를 주심도 한 성령 안에서 교회에 덕을 세우기 위함이었다. 따라서 모든 은사는 교회에 유익되게 사용되어야 한다(7절).

1. 지혜의 말씀(8절)

여기에서 말하고 있는 지혜란 세상 지혜와 엄격히 구별된다. 지혜의 말씀은 말씀을 통하여 자신과 다른 영혼을 살리는 복음전도의 능력을 말하며, 성경의 바른 지도를 위해 다양한 지식으로 믿음이 연약한 자들을 잘 가르치는 '지식의 말씀' 도 가지게 된다. 당신은 말씀의 지혜로 구원을 이루시는 하나님의 뜻을 나타내고, 교회 부흥을 위해 초석이 되는 자가 되라.

☞ 사 50:4을 읽으시오. (p.1029)

....

....

....

2. 믿음의 은사

여기에서 활용되어야 할 믿음이란 구원받게 하는 믿음을 의미하지 않고 능력을 행하게 하는 믿음을 말한다. 즉, 그리스도의 이름으로 이적을 행하는 믿음을 의미한다. 애매한 고난과 조건 속에서도 믿음으로 환경을 바꿔내는 능력을 행할 수 있는 것을 말하고 있는 것이다.

3. 병 고치는 은사

성도가 주님을 섬기며 기쁨을 얻고자 할 때 그 기쁨도 잠시뿐이고, 질병 때문에 괴로워할 때가 있다. 그때 질병을 이기는 힘이 있어야 한다. 신유의 은사를 간구하라. 암병보다 무서운 질병이 있다면 그것은 절망이다. 구원의 소망을 가지고 질병을 통해서도 하나님께 영광을 돌려드릴 수 있도록 하자.

☞ 요 11:4을 읽으시오. (p.164)

....

....

....

4. 능력

능력은 성도들이 어려운 일을 만나거나 감당하기 어려운 일을 당할 때 믿음에서 흔들리지 않고 끝까지 주님이 요구하시는 목적을 이루어가는 것을 말한다.

당신은 당하고 있는 환경을 믿음으로 잘 극복하는 능력을 가지고 있는가?

☞ 고후 11:23-33을 읽으시오. (p.297)

....

....

....

5. 예언

예언은 크게 두 가지로 나뉘는데, 하나는 미래를 예견하는 것이고, 다른 하나는 하나님의 계시된 말씀을 말한다. 특별히 오늘날 신자들은 예언에 있어서 개인의 경험이나 느낌이 성경의 권위보다 앞서서는 안 되는 것이다. 예언에 있어서 최고의 권위는 성경이며 모든 구별의 능력은 성경에 있다.

☞ 벧후 1:21을 읽으시오. (p.385)

....

....

....

6. 영 분별

악령들도 사람으로 하여금 거짓 예언도 시키고 이적도 행하게 한다. 영 분별의 은사는 거짓 영에게 현혹되지 않고 성도들을 보호하며 교회를 순결한 말씀으로 지켜나가게 하는 은사이다. 영 분별의 은사는 사람의 지혜로 악령의 세계를 분별할 수 없기 때문에 주셨으며, 분별의 기준은 항상 말씀이다.

☞ 요일 4:1-4을 읽으시오. (p.391)

7. 방언의 은사(10절)

방언은 사람들의 지식으로 말미암아 가지고 있는 언어 능력을 말하지 않는다. 방언은 인간의 노력이나 배움이나 연습으로 되어지는 것도 아니다. 방언은 성령의 선물로 받는 은사로서 자신의 덕을 세우게 되며, 성도로 하여금 신령한 영적 세계를 체험하여 기도하게끔 하는 기도의 은사이다.

다음 성경을 찾아서 읽어 봅시다.

☞ 막 16:17(p.85)과 행 2:4을 읽으시오. (p.188)

나눔의 시간

1. 오늘의 말씀을 통해서 느낀 점을 말해 봅시다.

2. 주변의 미혹을 경험했다면 말해 보자.

제28과

자유함을 얻으라

- 본문 / 야고보서 5:13-18 (p.375)
- 찬송 / 212, 215, 471

할렐루야! 전도합시다!

고난을 이기는 힘

야고보는 고난 당하는 성도 간의 복된 도움과 위로 그리고 중보기도 등을 강력히 권면하고 있으며, 성도들이 고난 당할 때 기도로써 도움을 주라고 가르친다. 사실 믿음을 지키며 이 세상을 살아간다는 것은 쉬운 일이 아니다. 그러므로 성도들은 고난 당하는 자들과 함께 교제를 나누면서, 고난을 감내할 수 있도록 함께 기도해야 한다. 성도들은 환난을 극복하고(13절), 질병을 치료하고(14-18절), 배교를 방지(19, 20절)하기 위하여 함께 기도해야 한다. 진정 성도 간의 영적 교제와 은사야말로 그 어떤 세상의 도움보다도 성도들에게 강력한 힘과 용기가 될 수 있는 것이다.

그렇다면, 어떻게 고난과 질병에서 자유함을 얻게 되는지 다음에서 살펴보기로 하자.

1. 믿음으로 기도하는 동역자를 사귀라(13절)

기도는 그리스도인의 특권이다. 고난이 올 때 우리는 쉽게 원망하거나 불평하게 되는 위험성이 항상 있다. 그때 기도와 찬양이 어려움을 극복할 수 있는 것이다. 믿음으로 기도하는 사람들은 마귀가 가장 두려워하는 사람이요, 원자탄의 힘보다 더 크다. 그 이유는 하나님이 그들과 함께하시기 때문이다.

중풍병자를 위해 동역자 네 사람이 메어서 예수님께 왔으나 더 이상 나갈 수 없게 되자 이들은 지붕 위에 올라가 지붕을 뜯어 구멍을 내고 환자를 달아 내렸다. 예수님께서 저희의 믿음을 보시고 중풍병을 고쳐 주셨다. 이 동역자들에 의해 육신의 병 고침뿐 아니라 그리스도의 말씀으로 구원에 이르게 되었다.

다음을 읽고, 믿음의 동역자의 중요성을 알아보자.

☞ 막 2:3-5을 읽으시오. (p.55)

....

....

....

☞ 마 18:19을 읽으시오. (p.30)

....

....

....

2. 병자를 위해 함께 기도하라(14절)

질병은 인간의 의지와는 무관하게 엄습해 와서 때로는 성도들까지 절망으로 몰아넣기도 한다. 또한 질병은 죄에서 오는 병도 있지만 하나님의 영광을 위해 오는 병도 있다(요 9:2-3).

하지만 특별히 본문에서는 죄 때문에 병든 사람을 말하고 있다. 이런 환자는 먼저 죄의 문제를 해결 받기 위해 기도해야 하며, 인간의 생명을 주관하시는 하나님이 개입하시도록 믿음으로 그분께 맡기고 기도해야 한다. 하나님께 자신의 전 존재를 내어 맡기고 믿음으로 구하는 성도의 기도는 질병에서 해방될 수 있다. 그러나 의학을 제한하고 의사를 의지하는 것이 잘못된 믿음을 가졌다고는 하지 않는다.

그렇다면, 병자를 위해 기도한 일들을 생각해 보자.

☞ 약 5:15-16을 읽으시오. (p.376)

☞ 왕하 20:2-7을 읽으시오. (p.597)

3. 자유함의 기쁨을 전하라

진리 안에서 떠난 성도들이 소망을 잃고 절망과 실의에 빠져있는 자들도 있다. 그뿐만 아니라 불치의 병으로 절망의 날을 보내며 죽음의 날을 보내고 있는 자들이 예수님의 능력으로 치유함을 얻고 자유를 누리게 된 자들도 있다. 이 자유는 육신의 치유만을 허락받게 된 것 이상으로써 죄악의 사슬에서 해방되어 영원한 소망을 갖게 되는 구원의 감격인 것이다.

베드로와 요한이 성전에 들어가다가 앉은뱅이를 만나 평생을 체념하며 살아가던 그에게 예수님의 이름으로 일어서게 하였다. 그는 성전 밖에서 구걸하며 살았으나 이제는 치유를 얻어 걷기도 하고 뛰기도 하며 하나님을 찬미하고 성전을 드나들며 많은 사람들에게 예수님을 전하는 모습을 본다.

다음을 읽고, 주님의 은혜를 입은 자가 가질 신앙적 태도를 알아보자.

☞ 행 3:9-10을 읽으시오. (p.190)

☞ 마 10:8을 읽으시오. (p.15)

나눔의 시간

1. 오늘의 말씀을 통하여 느낀 점을 말해 봅시다.

2. 기도로 질병이 낫게 된 체험이 있는지 말해 보자.

제29과

은사의 최고봉을 지향하라

- 본문 / 고린도전서 13:1-13 (p.278)
- 찬송 / 304, 503, 220

할렐루야! 전도합시다!

사랑

흔히들 고린도전서 13장을 사랑장이라고 부르는데, 고린도전서 13장은 12장에서 언급된 여러 가지 은사의 유익에 대한 최종적 결론이라 할 수 있다. 여기서 바울은 가장 큰 은사를 '사랑' 이라 정의했다(13절). 이는 당시 고린도교회에 있었던 가시적이고 현상적인 은사만이 진짜 은사인 것처럼 생각하는 사람들을 교육하기 위함이다. 본문에서 바울이 가장 큰 은사인 사랑을 소유하도록 권면한 것도 사랑에 기초하지 않는 방언, 능력, 지식이란 무의미하기 때문이다.

은사를 소유하여 교회를 위하여 봉사하는 뜨거운 열정을 가지고 있다 하더라도 사랑하는 마음을 구하는 일은 매우 중요하다.

왜냐하면, 사랑은 허다한 죄를 덮어주는 모든 은사의 최고봉이기 때문이다. 그러면 사랑의 교훈이 무엇이며, 그 가치가 어떻게 빛나는가 살펴보도록 하자.

1. 사랑은 천사의 말과 방언의 은사를 가치 있게 한다(1절)

중세기 이탈리아에 믿음이 돈독한 성주(城主)가 있었다. 그는 살아생전에 그 누구도 넘볼 수 없는 믿음의 공을 세웠으면 하고 골똘히 생각하다 한 가지 아이디어를 떠올렸다. 그것은 예수님께서 제자들과 더불어 만찬을 나누실 때 사용한 금잔을 찾아내는 일이었다.

그는 수십 년간을 성배 찾는 일에 모든 시간과 정열을 소진하고 돌아오는 길에 나병환자의 구걸하는 모습을 발견한다. 그리고 그에게 자기가 먹을 마지막 빵 한 조각을 나누어 주고 샘물을 길어서 마시게 했다. 그때 그 거지는 예수의 모습으로 바뀌었고, 이 같이 말했다. "금잔을 찾으려고 아무리 헤매어도 소용이 없다. 샘물을 길어 온 그 보잘것없는 쪽박이 나의 성배이다. 네가 떼어 준 빵이 나의 살이며, 이 물이 내 피다. 가난하고 버림받은 이와 더불어 나누는 식사야 말로 진정한 성찬이다"

하늘의 언어인 방언을 하는 은사를 가진 자라도 사랑이 없는 은사는 오히려 교회 공동체를 분열시키고 이간시켜 마귀가 틈타게 하는 기회를 제공하게 된다.

다음 성경을 찾아 읽어 봅시다.

☞ 고전 13:1을 읽으시오. (p.278)

....

....

....

☞ 요일 4:8을 읽으시오. (p.391)

....

....

....

2. 사랑은 하나님의 비밀한 예언의 은사를 가치 있게 한다

예언하는 능력이란 구원의 역사에 대한 통찰력을 말한다. 하나님께서 죽어가는 자들을 구원하시려는 계획을 교회에 예언의 은사로 맡기셨다. 그러나 이것보다 더 급선무는 사랑하는 마음이다. 영혼을 사랑하는 마음이 없이 어떤 예언으로 하나님의 비밀을 전할 수 있겠는가? 각양의 은사를 가지고서 자신의 위로와 권세만을 자랑하는 자리에 있다면 사랑의 자리로 내려와서 겸손히 그들과 함께 아픔을 나누어야 할 것이다.

다음 성경을 찾아봅시다.

☞ 고전 13:2을 읽으시오. (p.278)

....

....

....

3. 사랑은 은사의 최고봉이다

성령의 은사를 행한다고 반드시 성화의 능력을 소유하였다고 할 수는 없다. 발람도 예언의 은사를 체험하였으나, 그는 마음속으로 돈 때문에 하나님의 백성을 배신코자 했던 것이다.

바울은 사랑이 없이도 성령의 은사를 소유할 수 있다는 점을 분명히 말해 주었다. 사랑 없이 성령의 은사를 함부로 행사하는 사람이 있다면, 그런 사람은 그의 인격을 잘 알고 있는 사람들에게 복음의 빛을 가리는 영적인 장애물이 될 것이다. 또한 성령의 은사가 그에게 하등의 유익도 주지 못할 것이며, 아무리 성령의 은사가 있는 것처럼 보일지라도 그것들로써 사랑이 없는 인격적인 자신의 결함을 보충할 수 없는 것이다. 그러므로 은사 중에 가장 최고의 은사는 사랑이다.

다음을 읽어 봅시다.

☞ 히 12:14을 읽으시오. (p.367)

....

....

....

☞ 행 13:13을 읽으시오. (p.209)

....

....

....

나눔의 시간

1. 오늘의 말씀을 통해서 느낀 점을 말해 봅시다.

2. 은사의 소유와 함께 우리가 간직할 것이 무엇이라 했나요?

제30과

한 마음으로 섬기라

- 본문 / 창세기 24:4 (p.30)
- 찬송 / 425, 373, 257

할렐루야! 전도합시다!

청지기 의식

하나님께서 천지를 창조하시고 운행하실 때 질서를 세우셨다. 이와 같이 인간사에도 이런 질서가 있으니 섬기는 청지기 질서다. 청지기 의식은 다른 나라에 없는, 오직 이스라엘에만 있던 고유의 직분이었다. 청지기는 구약시대의 이스라엘 사회와 하나님의 섭리를 이루는 직분이었다.

우리 교회와 구역에도 이런 청지기의 섬기는 일이 있어야 한다. 청지기는 하나님을 섬기며 섭리를 이루는 일이었다. 이런 사실은 창세기에 기록된 아브라함의 가정에서 찾아볼 수 있다. 아브라함의 청지기인 엘리에셀은 한마음으로 주인을 섬겨 한때는 후계자로 지목될 만큼 주인의 큰 신임을 받았다.

1. 확고한 청지기 의식을 가져야 한다

아브라함은 일백 세에 얻은 아들이 장성하여 결혼할 때가 되므로 한마음으로 주인을 섬기는 것을 즐거워하며 확고한 청지기 의식이 있는 그의 종 엘리에셀을 명하여 자기의 고향 땅으로 보낸다.

그렇다면, 아브라함이 자기의 며느리가 될 처녀를 그 땅에서 간택할 수 없었던 이유는 무엇일까? 그것은 그의 계보에서 그리스도가 오시도록 예언되었기 때문이며, 그래서 아브라함은 자기의 청지기를 머나먼 셈족의 땅으로 보내 신앙의 처녀를 데려오게 하였던 것이다.

다음을 읽어 보고, 아브라함이 가나안 땅에서 며느리를 데려오지 않은 이유를 확인해 보자.

☞ 창 9:25을 읽으시오. (p.11)

2. 섬김으로 섭리를 이루어야 한다

엘리에셀은 아브라함의 친족의 땅인 메소포타미아 땅 나홀의 성에서 리브가를 선택하여 가나안 땅으로 인도하였다. 그는 청지기였지만 하나님의 섭리와 주인의 뜻을 잘 간파하고 있었다. 하나님은 당신의 섭리를 섬김으로써 순종하는 엘리에셀과 동행하므로 그에게 평탄한 길을 주셨던 것이다. 우리는 이런 청지기 의식이 얼마나 중요한가를 잘 깨달을 수 있다. 이것은 하나님의 가르침이다. 이렇게 해서 이삭은 리브가를 아내로 받아들여 하나님의 거룩한 가정을 만들게 되었다. 이 가정에서 그 유명한 야곱이 나왔다. 여기에는 청지기 엘리에셀의 큰 수고가 있었던 것이다.

다음을 읽어 봅시다.

☞ 창 24:8-10을 읽으시오. (p.30)

☞ 창 24:61-67을 읽으시오. (p.33)

3. 우리는 교회와 구역을 잘 섬겨야 한다

교회는 구약에 예언된 예수님의 몸된 기관이다. 예수님이 십자가에서 죽으시고 부활 승천하시고, 오순절에 성령 강림을 통해서 교회가 탄생되었다. 그래서 교회는 예수님과 영적으로 연결되어 있다. 이 교회 안에서 교회를 결속시키고 성도를 하나로 만드는 교회 안의 기관이 구역이다. 구역장과 모든 구역원은 다 청지기인 것이다.

엘리에셀이 아브라함의 청지기로 잘 섬겼듯이, 성도는 구역과 교회를 잘 섬겨야 한다. 교회에는 믿음의 조상 아브라함이 기다리고 기다렸던 예수님이 계신다. 예수님은 천국의 청지기로 12제자들과 70인의 제자들을 세우셨다. 예수님의 승천 후, 이들이 천국의 청지기 의식을 갖고서 전 세계에 교회를 세웠다. 그리하여 구원받은 사람의 수를 더 증가시켜 예수님께서 이 땅에 오신 목적을 이루어 드렸다.

우리의 믿음의 조상들이 자기의 몫을 잘 완수했던 것 같이, 우리도 교회와 구역에서 우리의 청지기 몫을 잘 감당해야 할 것이다.

다음의 성경을 읽으시오.

☞ 계 2:10을 읽으시오. (p.400)

나눔의 시간

1. 오늘의 말씀을 통해서 느낀 점을 말해 봅시다.

2. 우리는 어떤 청지기가 되어야 할까요?

제31과

섬기는 마음을 갖자

- 본문 / 출애굽기 33:11 (p.133)
- 찬송 / 425, 595, 341

할렐루야! 전도합시다!

예수님의 마음으로

조만식 장로님은 일제시대에 신앙으로 일제의 정책을 반대하다가 투옥되었다. 그는 기독교인으로서 물산장려운동 등을 주관하였다. 조 장로님의 제자가 소양 주기철 목사님이었다. 주기철 목사님은 한국이 낳은 위대한 목사님이다. 일제시대에 신사참배를 거부하다가 옥중에서 순교하셨다. 주기철 목사님의 제자들 중에 아들을 죽인 자를 양아들로 맞아들여 하나님의 사랑을 실천한 산돌 손양원 목사님이 있다.

이렇게 위대한 선생은 위대한 제자들을 만들어 낸다. 이런 관계는 다 섬김의 관계에서 시작된다.

오늘 우리는 본문을 통해서 섬기는 관계를 가져 교회와 구역의 발전을 위해 힘을 써야 할 것이다. 항상 우리는 섬기는 마음을 가져야 한다.

1. 여호수아는 모세를 잘 섬겼다

모세는 이스라엘 백성을 애굽에서 가나안으로 인도하는 사명자였다. 이 사명은 하나님께서 주신 위대한 사역이었다. 장정만 60만 명이나 되는 백성을 이끌고 뜨거운 사막을 통해 가나안 땅으로 가는 일은 결코 쉬운 일이 아니었다. 외로운 지도자 모세를 도와주기 위해서 하나님께서는 젊은 청년을 붙여 주셨으니 그가 여호수아였다.

여호수아는 하나님의 영광과 뜻을 이루기 위해서 모세를 잘 섬겼다. 여호수아는 모세가 하나님을 뵌 후, 하나님의 말씀을 전하려 백성의 진으로 내려가는 동안에도 모세의 장막을 떠나지 않고 자기의 사명을 잘 감당했다.

다음을 읽어 보고, 섬기는 마음을 배우도록 하자.

☞ 출 24:12-13을 읽으시오. (p.118)

☞ 민 14:4-10을 읽으시오. (p.216)

2. 하나님은 여호수아를 인정하셨다

하나님은 여호수아의 섬기는 모습을 보시고서 그를 모세의 후계자로 세우셨다. 성경의 기록을 보면 그는 늙은 지도자 모세의 곁을 결코 떠나지 않았다. 그는 모세의 마음과 속을 다 읽고 있었다. 동시에 하나님의 말씀도 철저히 순종하였다. 40일간의 가나안 땅 정탐을 마치고 돌아왔을 때에, "다만 여호와를 거역하지 말라"(민 14:9)고 외치기도 하였다. 하나님은 여호수아가 항상 모세 편에 서서 그를 섬기며 말씀에 순종하는 것을 기쁘게 여기셨다.

☞ 신 31:7-8을 읽으시오. (p.311)

....

....

....

3. 섬기는 교회로 만들어야 한다

'섬긴다'는 말은 영어로 '서비스'라고도 하며, 이 말은 '예배'라는 말로도 쓰이고 있다. 여호수아는 끝까지 모세를 섬겼으므로 차세대의 지도자가 될 수 있었다.

예수님은 세상을 섬기기 위해서 오셨다. 그것은 십자가의 죽음에서 증명되었다. 예수님의 제자들은 그 사랑에 감동되어 주님을 잘 섬겼고 교회를 세웠다. 그러므로 교회의 성도들은 서로를 섬기고, 또한 주의 종들을 잘 섬겨야 한다.

우리가 교회에서 섬기는 일을 잘 할 때에 하나님으로부터 큰 복을 받는다는 것을 잘 기억해야 한다. 또한 이 섬기는 모습을 통해서 불신자들을 전도하여 구역을 살찌게 하는 영적인 원동력이 되게 해야 한다.

여호수아가 모세를 섬기듯이, 구역에서 서로가 서로를 섬기면 하나님으로부터 크게 쓰임을 받게 되며 그리고 교회가 부흥하게 될 것이다.

다음을 읽고, 섬김과 교회 부흥의 원리를 발견해 보자.

☞ 행 2:42-47을 읽으시오. (p.190)

....

....

나눔의 시간

1. 오늘의 말씀을 통해 느낀 점을 서로 말해 봅시다.

2. 교회에서 섬기는 일보다 섬김을 받으려고 하는지 솔직하게 말해 보자.

제32과

섬김의 삶을 실천하자

- 본문 / 룻기 1:14 (p.402)
- 찬송 / 301, 408, 540

할렐루야! 전도합시다!

섬김의 1순위

섬기는 일은 교회뿐만 아니라 가정에서도 절대로 필요하다.

때때로 신앙생활 문제로 가정에서 갈등을 겪기도 한다. 특별히 가정에서의 갈등은 온 가족의 신앙이 일치하지 못한 때에 그런 경우가 많다. 그렇기 때문에 신자는 가정구원을 위해 항상 기도해야 하며, 때때로 불신 가족 때문에 괴로움이 있다고 할지라도 믿음의 성도는 불신 가족을 기도하면서 잘 섬길 사명이 있다. 왜냐하면 먼저 믿은 신자가 내 가정에 심어진 믿음의 나무이기 때문이고, 우리의 착한 행실을 보고 저들이 마음 문을 열고 예수님을 믿을 수 있다는 것을 염두에 두어야 하기 때문이다.

1. 룻은 이방 여인이었다

유대인들은 선민의식으로 가득 차 있었다. 왜냐하면 그들은 아브라함의 후손이었기 때문이다. 또 그들이 살고 있는 땅은 가나안 땅으로서 약속과 축복의 땅이었다. 유대 땅에 가뭄이 심하게 찾아오자 엘리멜렉은 아내 나오미와 두 아들 말론과 기룐을 데리고 이웃나라 모압국으로 이민을 가서 살기 시작했다. 이 부부는 모압 처녀들을 두 자부로 삼았다. 수년이 지났다. 괴이하게 나오미는 남편과 두 아들을 차례로 잃어버렸다. 예나 지금이나 여자 혼자 생계를 꾸려 나가는 것은 용이하지 않다. 나오미의 실수는 모압으로 이민가는 것과 이방 처녀들을 며느리로 삼았던 일이었다.

다음을 읽어 보고, 나오미와 아브라함과 다른 점을 생각해 보자.

☞ 창 24:6-9을 읽으시오. (p.30)

2. 룻은 시어머니를 잘 섬겼다

모압의 관습은 결혼 윤리의식이 희박했으므로 윤리적으로 많은 문제가 있었다. 이런 문화적인 배경을 갖고 있던 룻은 자기 조상의 관습을 버리고 시어머니를 따라 이스라엘로 들어왔고 큰 동서 오르바는 따라오지 않았다.

룻은 시어머니 나오미를 봉양하기 위해 밭에 나가 이삭을 줍기 시작했다. 이 소문이 나오미의 고향 베들레헴에 퍼지게 되었다. 사람들의 칭송이 끊이지 않았다. 베들레헴에 유력한 자가 있었으니 바로 보아스였다. 보아스는 이방 여인 룻이 유대인 못지않게 시어머니를 섬기는 것에 적잖은 감동을 받았고, 그녀를 자기의 아내로 맞이한다. 보아스를 감동시킨 것은 룻의 미모가 아닌 섬김이었다.

원래 모압인들은 선지자들로부터 저주를 받은 족속들이었다. 그럼에도 불구하고 보아스는 룻을 아내로 받아들였고, 그의 계보에서 다윗 왕과 예수님이 나오셨다.

다음을 읽어 보고, 모압의 근원을 말해 보자.

☞ 창 19:36-38을 읽으시오. (p.24)

....

....

....

3. 삶 속에 섬김이 있어야 한다

예수님은 공생애 전에는 육신의 부모를 섬겼고, 공생애 기간에는 무리를 잘 섬기셨다. 예수님은 삶 속에서 섬기는 것이 무엇인가를 보여 주셨다. 성도는 교회와 교우들뿐만 아니라, 시부모, 집안 어른, 이웃 등을 잘 섬겨야 한다.

교회 안에서도, 밖에서도 잘 섬기는 그리스도인들이 되어야 할 이유는 특히 유교적인 문화 배경이 강한 우리나라에서는 섬김으로 전도해야 하기 때문이다.

다음을 읽어 봅시다.

☞ 마 7:12을 읽으시오. (p.9)

....

....

....

나눔의 시간

1. 오늘의 공부를 통해 느낀 점을 말해 봅시다.

2. 가족관계에서 섬김의 모습을 말해 봅시다.

제33과

참마음으로 섬기자

- 본문 / 사무엘상 3:15-18 (p.412)
- 찬송 / 272, 212, 390

할렐루야! 전도합시다!

진정한 섬김

섬기는 일은 성경 곳곳에 나와 있다. 하나님은 잘 섬기는 제자들을 들어서 크게 사용하셨다. 이런 법칙은 어느 시대에나 동일하게 나타났다. 야곱은 외삼촌 라반을 20년간 섬긴 끝에 부자가 되어 금의환향하여 하나님의 뜻을 이루게 된다.

본문의 내용은 사무엘이 어린 시절 나실인으로 하나님의 제사장 엘리를 섬겼던 아름다운 기록의 말씀이다. 엘리의 축복 속에 한나는 사무엘을 얻었고, 감사하여 하나님께 사무엘을 바쳤다. 나실인은 하나님께 자신을 바치는 희생적인 거룩한 사람을 의미한다. 어린 사무엘은 비록 나이가 어렸지만, 자기가 나실인임을 깨닫고 하나님의 사람인 엘리 제사장을 섬기게 되었다.

1. 섬기는 일에도 기도가 필요하다

어머니 한나의 간절한 기도로 사무엘이 태어났다. 어머니의 간절한 기도가 그의 인생의 기초가 되었다. 하나님은 그 기도를 들으시고 거룩한 아이를 보내 주셨던 것이다. 이 당시 엘리는 나이가 많아 사리를 잘 판단하지 못하였고, 하나님께 기도도 잘 하지 못하였다. 어린 사무엘은 이런 엘리를 잘 섬겼다.

사무엘은 한밤중에 하나님의 음성을 듣고 혹시 엘리 제사장이 자기를 부르는가 해서 잠자는 엘리를 깨워 "당신이 나를 부르셨기로 내가 여기 있나이다" 라고 말했다. 어린 사무엘이 엘리를 깨웠다는 것은 그가 평소에 엘리 곁을 떠나지 않고 그를 잘 섬겼다는 것을 의미하고 있다. 이 모든 것은 어머니 한나와 어린 사무엘의 기도의 결과였다. 그래서 섬기는 것도 하나님이 허락하시는 은사임을 알 수 있다.

다음을 읽어 보고, 사무엘이 언제부터 섬기면서 살았는지 알아보자.

☞ 삼상 2:18을 읽으시오. (p.410)

....

....

....

2. 어린 사무엘은 참마음을 갖고 있었다

이 당시 엘리 제사장은 영적으로 점점 어두워 가고 있었다. 그러던 중에 어린 사무엘이 하나님의 음성을 들었던 것이다. 그는 비록 어렸지만 엘리 가문의 몰락을 알고 있었다. 그럼에도 불구하고 하나님의 음성을 들은 그는 "내가 여기 있나이다!" 라고 말하고 엘리를 찾아갔던 것이다. 이 아름다운 모습은 절대로 육신적인 교육으로 되지 않는다. 기도의 힘으로 얻어진 것이다. 그래서 사무엘은 참마음으로 엘리를 잘 섬겼음을 알 수 있다.

사무엘은 성장해서도 아주 겸손으로 섬기는 사람이 되었다. 이것은 그가 사울 왕에 대한 가르침에서 잘 찾아볼 수 있다.

☞ 삼상 15:22-23을 읽으시오. (p.432)

3. 교회와 구역 안에서 참마음으로 섬기는 일이 필요하다

섬기는 일에 가식이 있어서는 안 된다. 그럴 경우에는 위선으로 나타나게 된다. 이것들은 우리의 신앙을 좀먹게 하는 사탄의 도구다. 절대로 거짓된 마음이 있어서는 안 된다. 사무엘은 참마음으로 엘리를 섬겼으므로 복을 받아 이스라엘의 차세대 지도자가 된다.

하나님께서는 누가 참마음으로 섬기는가를 보고 계신다. 하나님께서는 그러한 성도들에게 큰 복을 주실 것이다.

☞ 신 10:20-22을 읽으시오. (p.278)

나눔의 시간

1. 오늘의 말씀을 통해 느낀 점을 말해 봅시다.

2. 교회와 구역 안에 내가 참마음으로 섬겨야 할 사람이 누군지 생각해 봅시다.

제34과

순종하며 섬기자

- 본문 / 열왕기상 17:8-16 (p.545)
- 찬송 / 28, 212, 436

할렐루야! 전도합시다!

결코 우연이 아니다

아브라함이 믿음의 조상이 되었던 것은 그가 하나님께 철저한 순종을 했기 때문이지, 결코 우연하게 된 일이 아니다.

엘리야는 모세와 더불어 구약의 대표라고 할 수 있다. 모세는 율법의 대표자이고, 엘리야는 선지자의 대표자였다. 역사적인 상황만 달랐지 결코 엘리야의 권능은 모세의 그것에 뒤떨어지지 않았다.

오늘의 본문을 통해 순종과 섬김이 있을 때 하나님의 큰 복이 있다는 교훈을 생각해 보자.

1. 엘리야는 하나님 말씀에 순종했다

이스라엘에 가뭄이 찾아오고 아합 왕과 왕비 이세벨이 엘리야를 핍박하자 하나님은 그에게 시돈 땅의 사르밧으로 가라고 계시하셨다. 그곳은 이방인의 땅으로 선지자들에게는 괴로운 곳이었다.

엘리야는 정말로 괴로웠지만, 그 말씀에 순종하여 그곳 사르밧으로 갔었다. 엘리야가 말씀에 순종하여 사르밧으로 갔을 때 하나님은 그곳에 한 여인을 예비하여 엘리야 선지자를 공궤하게 하셨다.

다음을 읽고, 하나님은 엘리사를 위해 어떻게 준비하셨는가?

☞ 왕상 17:9-10을 읽으시오. (p.545)

....

....

....

2. 사르밧 과부는 순종하며 섬겼다

그 당시의 가뭄은 아주 무서웠다. 사르밧 과부는 한 줌 남은 밀가루와 기름으로 마지막 빵을 해 먹고 자식과 죽을 판이었다. 그런데 이스라엘의 거룩한 선지자가 나타나서 무리한 요구를 하였다.

"청하건대 네 손의 떡 한 조각을 내게로 가져오라"(11절) 이 말은 사실 하나님의 명령이었다. 그 과부는 이방 여인이었지만, 그 말에 순종하여 따랐다. 그녀는 순종과 섬김으로 축복을 받게 되었고, 성경에 그녀의 행적이 기록되어서 오늘날까지 기념이 되고 있다.

☞ 왕상 17:15-16을 읽으시오. (p.545)

....

....

....

☞ 눅 4:26을 읽으시오. (p.94)

....

3. 우리도 순종하며 섬기자

우리가 성경을 통해 복 받는 비결은 성경 말씀을 삶에 적용하는 데 있다. 다시 말해서 순종하는 생활에 있다고 할 수 있다. 교회에서 목회자는 하나님의 대표자이다. 그러므로 일반 평신도들과 똑같은 사람으로 보아서는 안 된다. 목회자는 하나님의 축복권을 갖고 있다.

성도는 수직적으로 주의 종에게 순종하며 섬겨야 하고, 수평적으로는 성도들을 섬겨야 한다. 이것이 그리스도인의 참모습인 것이다.

다음을 읽어 보고, 순종을 겸한 섬김을 생각해 보자.

☞ 마 27:54-56을 읽으시오. (p.51)

나눔의 시간

1. 오늘의 공부를 통해 느낀 점을 말해 봅시다.

2. 순종과 섬김의 관계를 말해 봅시다.

제35과

섬김으로 예수를 본받자

- 본문 / 누가복음 2:51 (p.91)
- 찬송 / 250, 438, 585

할렐루야! 전도합시다!

예수님처럼

"예수님은 어린 시절을 어떻게 보내셨을까?" 하고 우리는 가끔 상상해 본다. 예수님의 성장 과정은 우리와 다를 바가 없었지만, 예수님은 육신의 부모님을 잘 섬기셨다.

예수님은 어린 시절부터 모범적인 생활을 하셨다. 하나님의 독생자이셨지만, 성장 과정에서는 철저하게 육신의 부모님을 섬기셨다. 이 섬김은 나중에 십자가의 죽음까지 이어지게 되었으며, 인류 대속의 역사를 이루었다. 이렇게 섬김은 중요하다. 우리 성도는 섬김으로 예수님을 본받아야 한다.

1. 네 부모를 공경하라

십계명 중 5계명은 "네 부모를 공경하라"이다. 공경이라는 말은 히브리어로 '까베드'라는 말로 하나님을 '예배하다, 공경하다'의 뜻같이 예수님은 진정으로 부모를 공경하였다.

이 공경은 가정에서 섬김으로 나타나야 한다. 그만큼 섬기는 일이 중요하다. 예수는 열두 살 되는 해에 부모님과 같이 예루살렘에 올라가셨다. 랍비들과 성경 토론을 하고 계셨는데, 부모님들이 집으로 돌아가다가 예수님이 보이지 않자 예루살렘으로 되돌아와 성전에서 랍비들과 토론하고 있는 예수님을 만날 수 있었다. 그 이후 예수는 나사렛에서 어떻게 부모님을 섬겼는가?

☞ 눅 2:51을 읽으시오. (p.91)

2. 섬김은 기독교 신앙의 시작이다

예수님은 섬김으로 하나님의 사랑과 박애의 정신을 보여 주셨다. 그래서 성도는 항상 섬기는 자세를 갖도록 해야 한다. 예루살렘에서 나사렛으로 돌아온 예수님은 목수의 생활을 하시면서 부모님을 섬겼다. "예수께서 함께 내려가사 나사렛에 이르러 순종하여 받드시더라"고 본문에 기록되었다. 그리고 예수님은 공생애가 시작될 때까지 목수의 직업을 갖고 있었으며, 수입으로 부모를 섬겼다.

이런 좋은 습관에서 십자가의 섬김이 나오게 되었고, 작은 일에 충성하여 큰 일에도 충성하실 수 있었다.

☞ 마 25:21-23을 읽으시오. (p.43)

3. 섬김으로 세상의 본이 되어야 한다

그리스도인은 그리스도를 본받는 사람, 그리스도와 같은 사람이라는 말이다. 우리를 통해서 세상에 그리스도가 전파되므로 성도는 불신자를 섬기는 자세를 가져야 한다. 성도가 불신자를 잘 섬긴다면 그들은 감동을 받아 예수님을 믿을 것이다. 그러면 구역이 부흥되고 교회가 부흥할 것이다.

세상 사람들은 성도를 통해서 예수님을 알게 된다는 것을 잊어서는 안 된다. 섬김은 성화의 단계이므로 성도는 이런 성스러운 내면과 행위를 구축해야 할 것이다.

다음을 읽어 보고, 초대교회 성도들이 예수님을 어떻게 섬겼는가 토의해 보자.

☞ 막 15:39-41을 읽으시오. (p.84)

나눔의 시간

1. 오늘의 공부를 통해 느낀 점을 말해 봅시다.

2. 예수님의 섬김을 어떻게 본받을 것인가 토의해 보자.

제36과

행복한 성도와 자기단장

- 본문 / 이사야 3:16-26 (p.971)
- 찬송 / 89, 175, 575

할렐루야! 전도합시다!

영적 단장

사람들은 자기를 치장하는 일에 관심이 많다. 예쁘고 아름다운 것을 돋보이게 하려고 치장하기도 하지만, 아담과 하와처럼 수치스러운 부분을 가리기 위하여 단장하기도 한다.

선지자 이사야는 당시 사람들이 겉으로 보이는 육체를 욕망으로 단장하였기에 썩은 냄새가 향을 대신하고 노끈이 띠를 대신하고 대머리가 되며 흉터가 온몸을 덮고 통곡하게 될 것이라고 경고했다.

그렇다면, 행복한 성도가 되기 위해서는 어떻게 해야 신부처럼 깨끗하고 아름답게 단장한 삶을 살 수 있는 것인가?

1. 세상의 유혹을 지나치게 좇지 말라

탈무드에 보면 하나님이 하와를 아담의 귀로 창조하지 않으신 것은 엿듣는 자가, 아담의 눈으로 하지 않은 것은 윙크하는 자가 되지 않도록 하기 위함이라 하였는데, 이사야 선지자가 살던 시대의 유대의 여자들은 뒷머리를 걷어올리고, 목을 띠로 감아 두름으로써 실제보다 목을 더 길어 보이게 하고, 요염하고 선정적인 눈을 하고, 걸음걸이도 사람들에게 이상한 마음을 품게 하고, 발목 고리와 반달장식, 머리에는 망사를 쓰고 몸에 얇은 너울을 걸치고 다니는 등 그 당시 유행한 장식품에 관심이 많았다.

오늘날 거리에도 각선미를 드러내고, 사람의 시선과 관심을 끌려는 유행이나 장식들이 얼마나 많은가? 성도는 유행을 만드는 일과 좇아가는 일을 조심해야 한다. 유행을 앞장서서 따르는 것은 어두움의 일이요, 부끄러운 일로 신앙인으로서 마땅한 일이 아니다.

다음을 읽고, 그 의미가 무엇인지 살펴보고, 나에게 해당되는 것은 없는지 자신을 점검하는 시간을 갖도록 하자.

☞ 롬13:12-14을 읽으시오(p.257)

2. 영혼의 단장을 하라

이사야 선지자는 은혜받은 행복한 성도에 대하여 언급하면서 "내가 여호와로 말미암아 크게 기뻐하며 내 영혼이 나의 하나님으로 말미암아 즐거워하리니 이는 그가 구원의 옷을 내게 입히시며 공의의 겉옷으로 내게 더하심이 신랑이 사모를 쓰며 신부가 자기 보석으로 단장함 같게 하셨음이라" (사 61:10)고 했다.

우리는 누구에게 잘 보여야 하는가? 아내가 항상 남편에게 아름다운 모습을 보여야 하듯이 신부인 성도는 신랑 되신 예수 그리스도에게 잘 보이려고 단장을 해야 한다. 예수 그리스도께서 기뻐하시는 단장은 구원의 옷, 의의 세마포로 단장한 것이다. 잘못된 단장은 화려하여 세인의 눈을 끌고 음란한 길로 빠지게 한다. 그러나 성도의 아름다운 믿음의 단장은 신랑 되신 예수님을 기쁘게 한다. 성도들은 외적인 단장보다는 내적인 영혼의 단장에 힘을 써야 한다.

자기의 영적인 아름다운 단장이 이루어지지 않으면 결단코 하나님이 기대하시는 바람직한 가정생활, 교회생활, 사회생활 등이 이루어질 수 없다.

다음을 읽고, 생각해 봅시다.

☞ 딤전 2:9-10(p.338), 벧전 3:4 (p.380)을 읽으시오.

3. 성도는 하나님의 전신갑주로 단장해야 한다

외적인 아름다움을 꾸미고 단장하는 것은 한가할 때 하는 것이다. 지금은 영적 전쟁이 치열하게 벌어지고 있는 전쟁 중이고, 잘 싸워 승리하기 위해서는 영적 단장을 해야 하는데, 그것은 진리로 허리를 묶고, 하나님의 의로 심장을 가려야 하며, 복음으로 평화를 전해야 하며, 믿음의 방패와 구원의 투구를 쓰고 성령의 검으로 단장을 해야 한다. 영적 전쟁에서 한 가지 주의해야 하는 것은 전신갑주에는 등 뒤를 가리는 것이 없다는 것이다. 영적 전투에서 후퇴하거나 돌아서서 도망가면 죽는다는 것을 보여 주고 있다. 그러므로 신앙생활에는 전진만 있을 뿐이다. 영적 단장을 하지 않아 마귀에게 패배하면 하나님이 저를 기뻐하시지 않는다고 했기 때문이다(히 10:38).

이사야 선지자가 있던 당시의 사람들은 자신의 평안과 육체적 정욕을 따라 단장하고 살았기 때문에 그들은 망했다. 니느웨 백성과 같은 회개의 단장이 있어야 했다(욘 3장).

우리 모두는 예수 그리스도의 신부인데, 신부는 신랑이 기뻐하는 단장을 해야 한다. 세상에서 아름답게 단장하는 것도 때로는 필요하지만, 지혜롭게 그 시대와 환경 속에서 승리하는 영적 단장을 하여 신랑에게 사랑받는 신부가 되도록 하자.

다음을 읽고, 그 의미를 깊이 묵상하고 적용시켜 봅시다.

☞ 엡 6:13-18을 읽으시오(p.316)

나눔의 시간

1. 오늘의 말씀을 통해서 느낀 점을 말해 봅시다.

2. 외적인 아름다움을 단장하기 위함은 인간의 본능이다. 그러나 당신에게서 하나님 보시기에 가장 아름다운 영적인 단장 부분은 어디이며, 마귀의 공격 표적이 될 수 있는 가장 취약한 부분은 어디입니까?

제37과

행복한 성도와 가정생활

- 본문 / 에베소서 5:22-33 (p.315)
- 찬송 / 559, 202, 199

할렐루야! 전도합시다!

가정을 주신 이유

하나님께서 가정을 주신 것은 그 가정을 통해서 영광을 받으시고, 또 그 가정을 통해서 우리가 복받는 삶을 살게 하시려는 목적이 있다. 그러므로 가정은 하나님께 영광을 돌리는 장소, 하나님의 복을 받으면서 사는 장소가 되어야 한다.

신자는 가정을 통해서 하나님께 영광을 돌리고 복을 받는 가정이 되게 하여 우리의 사회와 국가도 복을 받게 해야 한다. 그렇다면 어떻게 해야 영광도 돌리고 복도 받는 가정이 될 수 있을까?

1. 믿음생활을 잘하는 가정을 만들자

온 가족이 하나님을 높이고 영화롭게 하고, 하나님을 우선순위로 두고 살아갈 때 그 가정은 복된 가정이 된다. 축복은 하나님께로부터 온다. 그러므로 믿음생활 잘하는 것이 가장 귀하다.

스위스의 유명한 교육자 페스탈로치는 "가정은 최상의 학교다"라는 말을 했다. 믿음생활이 좋은 부모 밑에서 믿음 좋은 자손들이 나온다. 산정현 교회를 아름답게 섬기며 좋은 신앙의 본을 보였던 유계준 장로의 후손들이 얼마나 복을 받았는지가 그 대표적인 사례이다. 장남 유기원 박사는 국립의료원장을 지냈고, 차남 유기형 박사는 부산대학교 의과대학 교수를 지냈으며, 삼남 유기선 박사는 부산 유기선의원장을, 사남 유기천 박사는 서울대학교 총장을 지냈다. 오남 유기진 박사는 시카고 에드워러 병원 외과의, 육남 유기묵 박사는 미국 캘리포니아 의과대학 내과학 교수를, 그리고 장녀 유기옥 박사는 사울 누가의원장을, 차녀 유기숙 박사는 동경공립의대를 졸업하고 뉴욕의 생화학연구소에 근무했었다.

그의 후손들 중에는 이한빈 전 총리 그리고 미국에서 병원을 경영하고 있는 강현욱, 유정순 박사 등 이루 헤아릴 수가 없을 정도로 훌륭한 사람들이 많이 배출되었다. 믿음생활을 잘 해야 나뿐 아니라, 후손들이 복을 받는다.

☞ 신 6:2-3을 읽으시오. (p. 270)

....

....

....

2. 사랑이 넘치는 가정을 만들자

가족은 있지만 가정이 사라지고 있다. 오늘 본문은 아내들은 자기 남편에게 복종하기를 주께 하듯 하고, 남편들은 아내 사랑하기를 주님이 교회를 사랑하는 것처럼 하라고 말씀하셨다.

사랑과 행복은 정비례한다고 할 수 있다. 사랑이 넘치면 더 잘해 주고 싶다. 감사하며 살게 되고 신뢰하고 살게 되며, 서로가 필요로 하는 것을 채워 주고 싶고 섬기기를 원하고 사모하게 된다. 성경은 우리에게 부부가 서로를 위하며 행복하게 살 것을 말씀하고 있다.

가정은 돈으로 꾸미는 것이 아니다. 아무리 좋은 아파트에 좋은 가구들로 꾸미고, 값진 가전제품들로 가득 차 있다고 해도 그 안에 사랑이 없으면 복된 가정이 될 수 없다. 미국의 클린턴 대통령이 14명의 장관을 임명할 때 그중 7명이 장관직을 거절했다고 한다. 크리스토퍼 국무장관도 거절했던 사람인데 거절 이유가 모두 한결같이 가정에서 사랑하는 아내와 자녀들과 더불어 더 많은 사랑의 시간을 보내기 위해서였다고 하니 우리의 생각과 얼마나 다른가? 우리의 가정에는 사랑이 있는가? 우리는 사랑을 공급하는 자인가? 아니면 사랑받기만을 바라는 자인가?

남자는 존경을 먹고 살고 여자는 사랑을 먹고 산다는 것을 기억하라.

☞ 잠 5:15-21을 읽으시오. (p.916)

3. 효(孝)가 살아있는 가정을 만들자

성경의 십계명 중에서 사람과 사람 사이의 지켜야 할 도리 중 첫 번째가 부모를 공경하라는 것이다. 공경이란 마음에서 우러나오는 것으로 순종하고 섬기는 것이다.

부모를 섬기고 공경하는 사람들이 누리는 복과 또 부모를 멸시하는 자들에게 주시는 저주를 성경은 너무나 분명하게 기록하고 있다. 효를 행하는 것은 단순한 인간의 도리가 아니라 하나님이 명하신 법이다. 가정은 자녀들이 삶을 살아가도록 훈련받는 훈련 장소이다.

워싱턴은 어린 시절 뱃사람이 되어 평생을 살 계획을 세운 일이 있었는데, 그는 어느 날 바다를 꿈꾸고 선원으로 취직하여 이제 어머니에게 작별 인사를 하러 갔다. 어머니가 자식이 떠나는 것을 슬퍼하며 눈물을 흘리셨다. 그때 "어머니를 슬프게 하면서까지 내 꿈을 좇을 수는 없다"라며 자신의 꿈을 포기했는데, 훗날 초대 대통령이 되었다. 부모를 공경한 자에 대한 하나님의 축복을 발견할 수 있다.

우리는 자식들에게 부모에게 효도하는 삶을 가르쳐야 한다. 자식은 부모의 카피본이다. 가정처럼 소중한 것은 없다. 우리의 가정이 하나님께 영광을 돌리고 행복한 가정이 되도록 최선의 노력을 하자.

다음을 읽으시오.

☞ 엡 6:1-4을 읽으시오. (p. 316)

나눔의 시간

1. 오늘의 말씀을 통해 느낀 점을 말해 봅시다.

2. 내 가정의 해결해야 할 신앙 문제를 이야기해 보자.

제38과

행복한 성도와 교회생활

- 본문 / 에베소서 4:13-16 (p.313)
- 찬송 / 210, 208, 209

할렐루야! 전도합시다!

어머니의 품과 같은 교회

존 칼빈은 "교회를 어머니 품으로 삼는 사람만이 하나님을 아버지로 부를 자격이 있다"라고 했다. 갓 태어난 아이에게 가장 필요한 것이 어머니의 품이듯 예수 그리스도를 나의 주, 나의 하나님으로 믿고 사는 성도들에게 교회는 마치 어머니의 품과 같은 곳이다.

본문은 어린아이를 낳은 어머니가 아이가 병에 걸리지 아니하고 건강하게 잘 자라나기를 바라는 것처럼, 구원받은 성도들이 건강하고 튼튼하게 성장하기를 바라시는 하나님의 뜻을 보여 주고 있다. 그렇다면 교회 안에서 어떻게 해야 건강하게 성장하고 행복한 교회생활을 할 수 있는가 살펴보자.

1. 신앙성장의 모델을 예수님으로 삼아야 한다

오늘 본문은 우리가 누구만큼 성장해야 하는가를 말씀하면서 "그리스도의 장성한 분량이 충만한 데까지 이르리니"라고 했다. 우리 신앙의 목표는 그리스도이다. 인간은 연약하고 실수할 때가 많기 때문에 인간이 목표가 될 수 없다. 우리는 그리스도의 자취를 따라가야 한다(벧전 2:21). 히브리서 12장 2절에는 "믿음의 주요 또 온전하게 하시는 이인 예수를 바라보자"라고 했는데, 이것은 예수님을 모델로 삼으라는 말씀이다.

예수님은 지나온 20세기 동안 인류에게 있어 변함없는 삶의 지표요, 등불이며, 이상이었다. 슈바이처가, 리빙스턴이, 테레사가 그토록 아름다운 삶을 살았던 것도 예수님 때문이었다. 그분은 한 번도 팔레스타인 지역을 벗어난 일이 없었지만, 세계의 수십억 인구가 그를 흠모하고 그의 발자취를 따라가려고 하고 있으며, 예수님을 닮으면 위대한 사회 사업가가 되었고, 과학자가 되었고, 성인이 되었다. 그분은 영원한 우리의 모델이시다. 사람을 따르면 사람의 제자가 되고, 예수님을 따르면 예수님의 제자가 된다. 예수님을 따라가자! 열심히 봉사하자!

다음을 읽어 보고, 그 의미를 함께 나누어 보고 실천 방안을 생각해 보자.

☞ 히 12:1-3을 읽으시오. (p.366)

....

....

....

2. 아름다운 인간관계를 맺어야 한다

교회생활에서 무엇보다 중요한 것은 인간관계이다. 신앙생활은 곧 교회생활이고 하나님은 교회를 통해서 복을 허락하신다. 교회생활을 잘하려면 무엇보다 먼저 담임 목회자와의 관계가 중요하고, 성도들 사이의 관계도 중요하다. 특히 성도가 담임목사에 대한 진지한 이해가 없다면 우리 신앙의 중요한 부분을 잃어버릴 수가 있다.

목회자는 일반적으로 하나님이 부르신 소명 때문에 되는 것이다. 주께로부터 보내심을 받은 것이다. 주님께서 보내셨기 때문에 하나님의 사람으로 그를 인정하지 않을 때 아무런 영적인 유익과 즐거움을 얻을 수 없다. 성경은 말씀을 선포하기 위해 부르심을 받은 하나님의 사람들을 배나 더 존경할 것을 말씀하고 있다(딤전 5:17). 목회자의 사역 중 중요한 부분은 말씀 전하는 것과 기도하는 것(행 6:4)이다. 따라서 말씀 준비와 기도하는 시간을 잘 파악하여 거기에만 전념할 수 있도록 배려하는 아량도 필요하다. 목회자도 실수가 많다. 그도 인간이다. 때때로 따뜻한 위로와 격려가 필요하다. 성도들끼리 불편한 관계를 가지면 목회자에게 얼마나 큰 부담이 되는지 모른다. 예수님도 기도하실 때 '아버지와 내가 하나인 것 같이 저들도 하나가 되게 하소서' 라고 기도하셨다(요 17장).

다음을 읽고, 하나님께서 사용하신 사람들이 어떤 사람들인지 살펴보자.

☞ 고전 1:26-29을 읽으시오. (p.263)

....

....

....

3. 예배를 잘 드려야 한다

예배는 하나님의 복의 통로이다. 예배 없는 교회생활은 없다. 그 어떤 것보다 예배가 우선이다. 신령과 진정으로 예배를 드려야 한다.

커밍 워크(Cumming Walk)는 성공의 요소를 첫째는 아이큐요, 둘째는 지식이 있어야 하며, 셋째는 기술이 있어야 하고, 넷째는 태도가 좋아야 하는데, 이 네 가지 요인 중 가장 결정적인 요인은 태도로 93%의 영향력을 미친다고 했다. 우리가 바른 자세로 예배를 드리려면 어떻게 하면 좋을까?

첫째로 '아멘' 을 잘해야 한다.

성경은 예수님의 별명을 이야기하면서 “아멘이시요 충성되고 참된 증인”(계 3:14)이라고 했다. ‘아멘’ 이라는 말은 ‘진실’ 이라는 말이다. 하나님의 뜻에 대한 바른 자세, 진실한 응답, 전적으로 받아들이는 자세가 필요하다. 크게 한 번 “아멘!” 합시다.

둘째로 ‘찬송’ 을 잘 불러야 한다.

예수를 믿고 신앙생활을 한다는 것은 다른 말로 표현을 해서 하나님의 성호를 찬송하기 위한 생활이라고 할 수 있다.

셋째로 ‘헌금’ 을 잘 드려야 한다.

헌금은 신앙고백이기 때문에 대단히 중요하다. 많은 축복을 받으려면 많이 심어야 한다. 인색함으로나 억지로 하지 말아야 한다(고후 9:3). 하나님은 즐겨 행하는 자를 사랑하시기 때문에 즐거운 마음으로 드려야 하고, 심는 대로 거두기 때문에 많은 보화를 하나님께 쌓으면 쌓을수록 좋다. 농부가 씨앗 값이 아깝다고 적게 심으면 무엇을 거두겠는가? 생활 속에 믿음을 통한 행복한 성도가 되자.

다음을 읽고, 나의 생활이 어떤 관계가 있는지 점검을 해 보자.

☞ 고후 1:20 (p.287), 사 43:21 (p.1020), 고후 9:10 (p. 295)을 읽으시오.

나눔의 시간

1. 오늘 말씀을 통해 느낀 점을 이야기해 봅시다.

2. 행복한 교회생활을 위한 방법을 한 가지씩 이야기해 봅시다.

제39과

행복한 성도와 언어생활

- 본문 / 야고보서 3:1-12 (p.373)
- 찬송 / 213, 215, 327

할렐루야! 전도합시다!

침묵은 금

서양 격언에 "웅변은 은이고 침묵은 금이다"라는 말이 있다. 말을 적게 하는 것이 훨씬 유익하다는 뜻이다. 오늘 본문 가운데서도 말과 혀를 삼가할 것을 교훈하고 있다. 혀를 잘 사용한다는 것은 누구에게나 쉬운 일이 아니다. 가만히 보면 행함이 없는 사람일수록 말을 많이 하고 생각하는 것이 불순하다. 그러므로 성숙한 그리스도인이 되려면 혀를 지배하는 생활을 해야 한다.

어떤 사람이 "위대한 마음을 가진 사람은 사상을, 평범한 마음을 가진 사람은 사건에 대해 이야기를, 협소한 마음을 가진 사람일수록 다른 사람의 이야기하기를 좋아한다"라고 했다. 의미있는 말이다.

대부분의 사람들이 모여 앉아 나누는 이야기는 흔히 다른 사람에 대한 이야기로 칭찬하는 말보다는 험담을 즐겨 한다. 말하는 사람도 험담을 신나게 하면서 재미있어한다. 그럼 우리는 어떻게 해야 행복한 언어생활을 할 수 있는 것일까?

1. 말에 실수를 줄여라

성경은 선생이 되면 그만큼 책임이 커지고 커진 만큼 하나님 앞에서 받을 심판도 크다는 사실을 말하고 있다. 말도 중요하지만 그 말에 따르는 행동이 더 중요하다. 실천하지 못할 말만 많이 하는 선생은 되지 말라는 것이 성경의 진리이다.

우리는 말을 자제해야 한다. 듣기는 속히 하고 말하기나 성내기는 더디 해야 한다(약 1:19). 말은 한 번 내뱉으면 주워담을 수가 없을 뿐만 아니라, 더욱이 그것이 악한 말일 때에는 치명적인 결과를 초래하게 된다.

중생하지 못한 자의 입은 신실함이 없고(시 5:9), 저주의 말(시 10:7), 미련한 말(잠 15:4)을 하고, 중생한 자의 입은 하나님의 율법을 말하고(수 1:8), 찬송(시 34:1)하며, 지혜와 공의를 말하고(시 37:30), 그리스도를 주로 시인하며(롬 10:8-10), 하나님께 영광을 돌린다(롬 15:6).

☞ 마 7:1-5을 읽으시오(p.9)

2. 혀의 특성을 이해하라

혀는 작지만 강력한 힘이 있다(3-5절). 야고보는 세 가지의 예를 들었는데, 첫째로 '재갈'을 예로 들었다. 이것은 쇠로 만든 도구인데, 말의 혀 속에 끼워 넣고서 그것을 잡아당기면 온몸을 지배하게 된다. 둘째는 '배의 키'를 예로 들었다. 배의 크기에 비하면 '키'는 작기가 한이 없다. 그렇게 작고 보잘것없는 도구이지만 그 큰 배가 키의 움직임에 지배된다는 사실이다.

셋째는 '작은 불씨'다. 불씨는 눈에 보이지 않을 만큼 작지만 미치는 힘은 엄청나다. 수백 년, 수천 년 된 밀림도 삽시간에 재로 만들어 버린다.

혀는 필요하지만 위험하다(6-8절). 혀는 불이다. 불은 엄청난 피해를 입히기도 한다. 마음속의 분노가 혀로 표현이 되는데, 분노는 괴로움을 주고 욕망이나 강한 이기심에 사로잡히게 하고, 결국 악에 빠지게 한다. '혀도 지옥불에 탄다'고 하였다. 사육사나 곡예사들은 짐승을 길들여 마음대로 조종하지만 사람들은 자신의 입안에 들어 있는 혀조차도 길들이지 못하는 참으로 무능하기 짝이 없는 존재다. 혀는 치명적인 독을 뿜는 무기가 될 수도 있다는 것을 명심하자.

다음을 읽어 보고, 말로 실수한 때를 이야기해 보자.

☞ 마 15, 18: 20을 읽으시오. (p.24, 30)

....

....

....

3. 바람직한 언어훈련을 하라

혀는 도움이 되지만 모순된 말을 한다(9-12절). 한 입으로 정반대의 말을 해서는 안 된다(9-10절). 한 입으로 찬송과 저주를 해서는 안 된다. 그렇기 때문에 혀는 길들여야 한다. 입에 들어가는 것이 사람을 더럽게 하는 것이 아니라, 입에서 나오는 것들은 마음에서 나오기 때문에 이것이야말로 사람을 더럽게 한다고 했다.

본래 혀를 허락하신 의미는 의사를 소통하고 하나님을 찬양하며 이웃에게 용기와 위안을 주도록 지음을 받았다. 그러나 범죄한 인간의 혀는 부패한 본성을 드러내는 대표적인 기관이 되었다. 그래서 비록 성도라고 하여도 이 혀를 가지고 하나님을 찬양하는가 하면 형제를 저주하고 욕하기도 한다. 성도의 혀는 언제나 찬송과 감사의 선한 말을 하는데 사용하여야만 한다. 이웃을 위로하고 칭찬하고 격려하는데 사용하고 복음을 증거하는데 사용하여야 한다.

나눔의 시간

1. 오늘의 말씀을 통해서 느낀 점을 말해 봅시다.

2. 한 사람씩 돌아가며 다른 사람의 장점을 칭찬해 보자.

제40과

행복한 성도와 사회생활

- 성경 / 누가복음 10:25-37 (p.110)
- 찬송 / 279, 503, 220

할렐루야! 전도합시다!

진정한 행복

사람들은 행복해지기 위해서, 돈과 권력과 즐거움을 따라다닌다고 한다. 그것을 얻기 위해서 수단과 방법을 가리지 않는다. 이웃도 보이지 않는다. 이웃을 잃어버린 그들에게 행복이 있는가?

오늘 본문은 우리가 진정한 이웃이 되어 주는 삶을 요구하고 있다. 여리고로 내려가던 사람이 강도를 만났다. 가장 존경받는 제사장이 그냥 지나가고, 레위인도 지나가 버렸다. 그런데 유대인들이 상종도 하지 않는 사마리아인이 그를 도왔고 불쌍히 여겼고, 기름과 포도주로 상처를 싸매 치료해 주었고 자기가 타는 나귀에 그 사람을 태워서 주막으로 데려가 돌봐 주었다.

1. 진정한 이웃은 누구인가?

우리는 조금이라도 높은 사람, 많이 배운 사람, 돈을 많이 번 사람 사귀는 것을 영광으로 생각하는데 성경은 그렇지 않다. 사람의 눈으로는 그런 것들이 영광이고 출세하는 것처럼 보일지 모르나 하나님 편에서 보면 우는 자, 슬프고 외로운 자, 강도 만난 자를 사랑하는 것이 더 가치 있고 남에게 유익을 주는 일이라고 한다.

예수님은 만왕의 왕이시고 만주의 주시지만 사람의 몸으로 오셔서 잘난 사람보다 병든 자, 창녀, 세리 등 별 볼 일 없다고 생각하는 사람들과 가까이 지내셨다. 그리고 친구가 되어 주셨다. 그들은 가난하고 소외된 이웃이었다.

우리 사회의 G.N.P(국민 총생산)가 높아지고 부자가 되고 의학, 과학이 발달한다고 행복한 사회가 되는 것인가? 아니다. 사마리아인과 같은 이웃이 있어야 행복한 사회가 될 수 있다.

이 나라에 교인은 많은데 사마리아 사람은 왜 없는가? 우리는 사마리아인인가? 제사장인가? 레위인인가?

다음을 읽고, 이웃을 위해 한 일이 무엇인지 반성하는 시간을 가져보자.

☞ 잠 3:27을 읽으시오. (p.914)

....

....

....

2. 이웃을 위한 삶은 무엇인가?

이 세상은 사랑이 메마른 곳이다. 우리는 가장 귀한 하나님의 사랑을 주어야 한다. 어떤 사람이 한 장미에게는 날마다 사랑한다고 말하며, 좋은 음악을 틀어주고, 또 한 장미에게는 매일같이 욕을 했더니 자라나는 속도와 꽃향기가 다르게 나타났다고 한다.

또 우리는 이웃에게 하나님의 최고의 사랑과 소망을 주어야 한다. 사도행전 3장에 보면 성전 미문에 있는 앉은뱅이가 있었다. 그는 소망이 없는 자였다. 베드로와 요한은 그에게 "은과 금은 내게 없거니와 내게 있는 이것을 네게 주노니 나사렛 예수 그리스도의 이름으로 일어나 걸으라"고 했다. 그들은 앉은뱅이에게 믿음을 주었고 소망을 주었고 병고침을 주었다. 사람은 은이나 금도 필요하지만 가장 필요한 것은 예수 그리스도이다. 그분 안에 소망이 있다. 앉은뱅이가 일어난다. 3중고를 겪었던 헬렌 켈러(Helen Keller)를 보라! 소경인 패니 크로스비(Fanny Crosby)를 보라! 그들은 세상적인 어두움에 있었지만 예수 그리스도 안에서 소망을 갖게 되었고, 그들은 누구보다도 행복한 삶을 살았다. 그들에게 가장 좋은 이웃인 그리스도가 있었기 때문이다.

☞ 눅 6:31을 읽으시오. (p.99)

3. 모든 일을 주께 하듯 하라

행복한 이웃이 되어 주기 위해서는 모든 일을 주께 하듯 해야 한다. 성도들이 예수를 믿음으로 얻는 자유는 세상 질서를 위하여 주어진 권위를 무시하거나 책임을 가볍게 여기는 육체적 자유가 아니다. 성도들은 직장에서도 상사들에게 순종하는 본을 보여야 하고, 자기에게 주어진 임무를 성실하게 하나님의 뜻을 행하는 태도를 가지고 해야 한다.

또 아랫 사람들에게도 억압적인 모습보다는 진정한 상전인 하나님이 계심을 알고 하나님의 뜻을 이루는 자세로 수행하여야 한다. 그래야 진정한 이웃이 될 수 있다.

사회는 함께 살아가는 공동체이다. 이웃이 없으면 나도 없다. 하나님이 나를 그 자리에 두신 것은 그들이 있기 때문이다. 그들을 돕는 존재로, 그들의 진정한 이웃으로 살도록 두신 것이다. 하나님은 당신에게 행복한 이웃이 되어 주기를 원하신다. 부가 결코 행복의 조건이 아니다. "돈을 사랑함이 일만 악의 뿌리가 되나니 돈을 사랑하지 말라"고 했다. '그것을 탐내는 자들은 미혹을 받아 믿음에서 떠나게 되고 많은 근심에 사로잡혀 고통을 자초하게 된다.' 고 말한다 (딤전 6:10). 인간은 하나님을 따라 살아야지 돈을 따라 살아서는 안 된다. 돈을 따라 살면 이웃도 없다. 물질로도 이웃을 섬기는 삶의 자세가 필요하다.

다음을 읽고, 당신이 가져야 할 도리는 무엇인지 생각해 보자.

☞ 엡 6:5-9 (p.316), 딤전 6:7-12 (p.341)을 읽으시오.

나눔의 시간

1. 오늘의 말씀을 통해서 느낀 점을 말해 봅시다.

2. 가장 먼저 섬겨야 할 이웃을 말하고, 다음 시간 이웃을 초청할 계획을 나누시오.

제41과

행복한 성도와 사회생활

- 본문 / 전도서 2:1-11 (p.947)
- 찬송 / 419, 309

할렐루야! 전도합시다!

이 세상 즐거움과 바꿀 수 없는

수많은 죄의 함정이 널려있는 세상에서 세상과 짝하여 세상 것에 마음을 빼앗긴다면 행복한 신앙생활을 할 수 없을 것이다. 성도들 중에 심지어 교회의 중직을 맡고 있는 사람들 가운데도 여행이나 낚시, 골프 등의 취미생활을 즐기기 위하여 주일성수를 하지 못하고 마땅히 감당해야 할 봉사, 섬김, 교육, 충성하지 못하는 사람들을 많이 볼 수 있다.

오늘 본문은 오늘 즐겁다고 하는 것들을 전부 해 보았던 솔로몬 왕이 걸었던 쾌락주의자의 삶을 열거하면서 그것이 결단코 진정한 즐거움을 줄 수 없었음을 고백하고 있다.

1. 현대인들은 피곤하다

밀턴의 대서사시 실낙원은 쉼터를 잃어버린 인간의 고뇌를 밝히 드러내 주고 있다. 인간이 에덴 동산에서 쫓겨났다는 것은 쉴 곳을 잃어버렸다는 것을 의미한다. 인간에겐 쉴 곳이 필요하다.

음악에도 쉼표가 있다. 쉼표를 따라 반 박자나 한 박자 혹은 두 박자를 쉬게 된다. 쉬지 않고 계속 노래를 부를 수는 없다.

시편을 읽다보면 "셀라"라는 말이 나온다. 정확하게 알 수는 없지만 일종의 음악 부호로 시편을 노래하다가 그 대목에서 잠깐 쉬라는 표였을 것으로 보는 이들이 많다. 하나님께서도 6일 동안 창조하시고 하루는 쉬셨고, 인간들에게도 쉬는 날로 정해 주셨다. 그런데 쉴 곳이 없다. 쉬는 방법을 알지 못한다. 피곤해 한다.

아이들은 학원 등으로 피곤하고 직장은 노사관계와 생존경쟁으로, 정치는 당리당략 때문에, 그리고 개인은 영혼의 평화를 찾지 못한 아픔 때문에 고독하지만 쉴 곳이 없다. 쉼을 얻기 위하여 여러 가지 취미생활을 즐기려 하지만 진정한 쉼을 주지 못한다.

진정한 안식처는 어디에 있는 것인지 말씀을 읽어 보자.

☞ 마 11:28-30을 읽으시오. (p.17)

....

....

....

2. 세상의 헛된 것들을 알자

세상적인 것들의 즐거움을 찾고, 그것을 취미생활로 여기는 사람들의 목표는 '먹고, 마시고, 즐기자' 는 것이다. 돈이 내 수중에 들어와 모이는 재미로 인생을 산다. 즐기기 위한 위락 활동에 투자한다. 그러나 그런 것들이 우리들 삶에 어떤 의미를 주는가?

오늘 본문 1, 2절을 보면 실컷 웃었지만 웃어버린 다음의 허무, 의미없는 이야기들, 내용이 없는 우스갯소리, 음탕한 농담, 순간적으로 웃어버렸지만, 그 웃음이 끝난 다음에 갑자기 찾아오는 고독! 누구나 다 경험한 것들이다. 3절의 말씀처럼 술을 즐기는 것을 쾌락으로, 취미로 여기고 날마다 즐기는 사람들이 있다. 그러나 술이 솔로몬 왕에게 인생의 의미를 제공하지 못했다.

솔로몬 왕은 적어도 1,000명 이상의 여인들과 함께 즐겼다. 어쩌면 그의 취미는 여자들과 희희낙락하는 것이었는지도 모른다. 그가 즐기고자 하는 것을 막는 사람도 막을 수 있는 사람도 없었다(10절). 그는 자기의 권력을 가지고 솟아오르는 정욕을 만족시키기 위하여 원하는 모든 것을 해 보았지만, 바람을 잡으려는 것이요, 무익한 것이었음을(11절) 알았다.

세상적인 쾌락, 취미생활이 우리에게 약간의 유익을 줄 수도 있지만 그것이 하나님을 섬기는 일에 방해가 된다면 우리는 과감하게 정리할 수 있어야 한다.

☞ 잠 14:18을 읽으시오. (p.925)

3. 진정한 안식은 예수 안에 있다

"수고하고 무거운 짐 진 자들아 다 내게로 오라 내가 너희를 쉬게 하리라." (마 11:28)

예수님 자신이 우리의 안식이요, 우리의 영원한 쉼터이다. 우리가 영원하고 참된 안식을 얻으려면 예수 그리스도 안으로 들어가야 한다.

러시아의 망명 작가 알렉산드르 솔제니친은 "나는 근 50년간 러시아 혁명사를 연구했다. 나는 수백 명의 사람을 면담했고 수백 권의 책을 읽었다. 지금 나

더러 약 6천만 명에 달하는 러시아 사람의 생명을 삼켜 버린 그 무서운 혁명이 왜 일어났느냐 묻는다면 그것은 '하나님을 잃어버렸기 때문이다' 라고 대답할 수 밖에 없다" 라고 했다.

우리가 우리의 문제를 걱정하는 것보다 더 걱정하는 분이 계시다. 내가 나를 위해 그 무엇인가를 준비하는 것보다, 더 걱정하시는 분이 바로 주 하나님이시다. 그분 안에 진정한 쉼이 있다. 우리가 취미생활, 여가 선용을 위해 낚시, 수영, 에어로빅 등에는 계획도 세우고 연습도 준비하면서 은혜받고 찬양하고 기도하며 영혼의 안식을 위한 준비는 너무 소홀하지 않는가 자성하자.

행복한 성도는 취미생활까지도 하나님 나라의 백성처럼 가져야 하며, 하나님의 말씀을 즐거워하고 하나님 나라의 일 자체를 즐거워할 수 있어야 한다.

다음을 읽고, 하나님이 어떤 분이신가를 생각해 보고 다짐해 보자.

☞ 시 139:1-14을 읽으시오. (p.903)

나눔의 시간

1. 오늘의 말씀을 통해서 느낀 점을 말해 봅시다.

2. 하나님이 가장 기뻐하시는 취미생활이 무엇일지 나누어 보자!

제42과

주인의 뜻을 헤아려라

- 본문 / 누가복음 12:42-48 (p.115)
- 찬송 / 400, 342, 338

◇

할렐루야! 전도합시다!

영적 청지기

청지기는 주인의 모든 재산을 관리하면서 돌아보고 책임을 지는 사람으로서, 아브라함의 청지기 엘리에셀(창 15:2)과 보디발의 청지기로 있었던 요셉(창 39:4-6)을 들 수 있다. 한편 성도는 하나님의 청지기이다. 즉 하나님께서 맡겨주신 시간, 재물, 생애, 재능 등을 관리하는 영적인 청지기이다.

청지기는 그 맡은 바 사명을 잘 감당함으로써 축복의 사람으로 나타난다. 그렇다면, 구원받은 청지기가 해야 할 일들이 무엇인가 살펴보도록 하자.

1. 끝까지 최선을 다하라

포도원의 주인은 이른 아침부터 일꾼을 찾으러 나가 일하는 품꾼에게 한 데나리온의 품삯을 주기로 약속을 하였다. 그 후 제삼시에도, 육시와 구시와 십일시에도 놀고 있는 일꾼을 구하여 포도원에 일하게 하시고 그 종들에게 품삯을 환산해 주도록 명령하셨다. 포도원의 주인은 가장 늦게 들어온 자들로부터 품삯을 주기 시작하였다. 어떤 사람은 한 시간밖에 일하지 않았기 때문에 품삯에 연연하지 않았다. 그러나 포도원 주인은 매우 파격적으로 한 데나리온씩 모두에게 나누어 주었다.

하나님은 이처럼 맡겨준 일에 충실한 자들에게 언제든지 풍성한 약속을 이행하시기를 원한다. 그러므로 하나님의 약속을 신뢰하며 인내하고 기다릴 줄 아는 믿음의 청지기가 되자.

다음을 읽고, 품삯을 나누어 줄 때 먼저 온 자들의 태도를 살펴보고 평가해 보도록 하자.

☞ 마 20:9-16을 읽으시오. (p.32)

....

....

....

2. 주인의 즐거움을 생각하라

큰 집에는 큰 그릇도 많은 것이다. 하나님 나라의 큰 일꾼이 되려면 사사로운 일에 푸념하지 않고 큰 뜻을 바라보며 주인이 있으나 없으나 자신에게 맡겨준 일에 대하여 성실히 자신의 직무를 수행할 줄 아는 사람이라야 된다. 오히려 주인이 없을 때 주인의 재산을 잘 늘리고 종들을 잘 양육하며, 관리해야 하고, 무슨 일을 할 때에는 주인의 입장을 고려하지 않고서는 안 되는 것이다. 즉 모든 일을 자신의 기준에 맞추지 말고 주인의 즐거움에 맞추어야 한다.

그렇다면, 이와 같이 할 때에 주인이 와서 무엇으로 상급을 주시는가?

☞ 빌 2:12을 읽으시오. (p.320)

☞ 마 25:21을 읽으시오. (p.43)

3. 하나님의 뜻을 바로 알라

애굽을 떠난 백성들이 바란 광야에 진을 쳤을 때 각 지파 중에 한 명씩 택하여 가나안을 40일 동안 정탐하게 하고 귀한 보고를 하였다. 12명의 정탐꾼들은 가나안의 산물들을 가지고 가데스 바네아에 돌아와 먼저 그 땅의 풍부한 소산과 거민의 강대함을 실제적으로 보고하였다.

여기서 의견은 극단적으로 양분되어 다수인 10명은 불가능하다는 불신앙적인 판단을, 소수인 2명, 곧 여호수아와 갈렙은 가능하다는 믿음의 판단을 내린다. 여기서 눈에 보이는 가나안 땅의 풍요로움은 누구나 볼 수 있었으나, 그 눈에 보이는 것들 뒤에서 주관하시는 하나님의 섭리의 손길에 대해서는 오직 믿음 있는 두 사람만이 제대로 보았음을 알 수 있다. 하나님의 청지기는 사람보다 하나님의 뜻과 의지를 아는 자이다.

☞ 민 14:9을 읽으시오. (p.217)

☞ 눅 12:47-48을 읽으시오. (p.115)

4. 하나님의 능력을 신뢰하라

하나님의 뜻을 헤아릴 수 있는 사람이 되려면 신앙의 원칙이 있는데, 가장 중요한 것은 신앙의 눈으로 주님의 뜻을 헤아리는 것이다. 12지파 중에서 1명씩 선택하여 보낸 정탐꾼들은 그 당시 가장 뛰어난 젊은이들이었을 것이다. 그러나 그들 중에 하나님의 뜻을 헤아리고 하나님의 능력을 신뢰하여 따른 자는 여호수아와 갈렙뿐이었다.

우리도 신앙의 눈으로 하나님의 뜻을 헤아려 헌신하는 청지기가 되자.

☞ 대하 16:7-10을 읽으시오. (p.675)

나눔의 시간

1. 오늘의 말씀을 통해서 느낀 점을 말해 봅시다.

2. 불가능해 보이는 것이지만 믿고 나아가서 해결된 체험을 말해 보라.

제43과

거룩한 헌신을 다짐하라

- 본문 / 누가복음 7:36-50 (p.102)
- 찬송 / 320, 50, 337

할렐루야! 전도합시다!

내게 있는 향유 옥합

어떤 꽃에는 향기가 짙어 한 송이 꽃으로도 온 방 안을 가득 채우는 꽃이 있는가 하면, 향기가 거의 없이 모양만 자랑하는 꽃도 있다. 성도들 중에도 외모로 판단할 수 없는 향기가 그윽한 성도로서 모든 성도들에게 언제나 기쁨을 주고 귀감이 되어지는 성도가 있다.

본문은 한 여인을 소개하고 있는데 외모는 초라하고 미천한 죄인이지만 초라한 외모와는 달리 모든 사람이 깜짝 놀랄 만한 향기를 풍기는 여인을 소개하고 있다.

이 여인에 대하여 창기요, 죄인이라고 불렀다. 이 여인은 보잘 것없는 죄인의 한 사람이었던 것이다. 예수께서 이 여인에 의해 기름부음을 받으신 사건을 네 복음서가 모두 기록하고 있다. 그러나 누가는 그와는 다른 시각으로 기록하고 있다. 즉 그 '죄인'인 여자가 예수의 발을 눈물로 적시고 그녀의 머리털로 닦은 다음, 거기에 입을 맞추고 향유를 부었다고 한 것이다.

아마도 이 여인은 예수님의 가르치심을 듣고 자신의 죄를 회개하는 여인이요, 그래서 그의 삶에 변화를 가져 왔고 이에 대한 주님의 사랑에 대하여 헌신을 결심한 여인이라 할 수 있다. 그렇다면, 주님께 대해 거룩한 헌신을 어떻게 다짐할 수 있는가 생각해 보자.

1. 아낌없이 드리라

이 여인이 가지고 있던 향유는 매우 값비싼 것이었다. 그러나 이 여인은 주님의 은혜를 생각할 때에 세상에서 어떤 것과도 비교할 수 없다는 것을 확실히 알았다. 그래서 그 값진 향유를 예수님의 발에 아낌없이 부었고 머리털로 씻었다.

오늘 우리도 주님의 은혜를 알고 기꺼이 나의 가장 귀한 것을 아낌없이 부어서 주님을 위해 허비할 수 있는 거룩한 헌신이 있을 때 믿음의 아름다운 향기가 풍긴다.

다음을 읽고, 거룩한 허비에 대한 제자들과 예수님의 생각 차이를 알아보자.

☞ 막 14:3-9을 읽으시오. (p.78)

2. 사람들을 의식하지 말라

그녀의 주변에는 예수님 외에 다른 제자들도 있었다. 그들은 그녀가 죄인이라는 사실을 알고 있기에 따가운 시선을 보내고 있다. 그러나 그녀는 예수님이 용서와 참된 위로와 기쁨을 주실 것을 믿었다. 그리고 예수님의 발에 부은 향유는 값진 것이었기에 허비하는 것에 대하여 어떻게 생각할까 하는 염려를 잊어버렸다. 오직 주님 앞에서 회개와 온전한 헌신의 기회를 놓치지 않고 감사, 감격, 즐거운 마음으로 최고의 헌신을 드렸을 뿐이다.

☞ 대상 29:14을 읽으시오. (p.653)

☞ 눅 19:8-9을 읽으시오. (p.128)

3. 상급을 기다려라

무엇이 이 여인에게 죄에서 자유하게 하였고, 누가 이 여인에게 자유할 권세를 주었는가?

이 여인의 죄 사함은 자신의 능력이나 선행에 의한 것이 아니라, 예수를 믿고 회개하여 얻은 은혜의 축복이다. 그녀는 주님의 구원의 은혜에 감사, 감격하여 거룩한 헌신을 했으며, 주님은 그녀를 칭찬했다. 우리는 잠시 잠깐의 인색함으로 내 것이라는 소유의식에 사로잡혀 그만 하늘의 상급을 놓쳐버리고 이대로가 좋다는 안일한 입장으로 주저앉아 버리는 경우가 있다. 그러나 이 여인은 다르다. 보상의 대가를 기다리지 않는 진실한 믿음과 헌신은 주님의 마음을 감동케 한 것이다. 예수님은 이 여인에게 영혼과 육신의 평안까지 선물로 주셨다.

이제 충성과 헌신을 다짐하는 성도가 되자.

☞ 눅 7:46-48을 읽으시오. (p.102)

☞ 눅 7:48을 읽으시오. (p.102)

나눔의 시간

1. 오늘의 말씀을 통해서 느낀 점을 말해 봅시다.

2. 내가 가진 것으로 헌신하여 받은 은혜가 있으면 간증해 보자.

제44과

우선순위를 세우라

- 본문 / 마태복음 6:25-34 (p.8)
- 찬송 / 353, 588, 218

할렐루야! 전도합시다!

내 노력이 아닌

예수를 믿는 사람들 중에 "당신은 언제부터 예수를 믿었습니까?"라고 물어보면 "나는 모태 신앙입니다"라고 자랑하듯 이야기를 하는 경우를 본다. 그런데 이런 사람들 중에서 교회 안에서 헌신하는 생활이라든가, 어려운 일을 만날 때에 "나는 못해요"라는 말을 하는 경우가 있다. 이는 '모태 신앙'이 '못해 신앙'으로 바뀌는 것이다. 우선순위를 하나님께 두고 사는 성도들은 언제나 삶의 우선순위를 하나님께 정해 놓고 살아가는 신앙 철학이 필요하다.

우리가 이 세상에 살면서 많은 염려와 노력하지 않으면 인생에 승리할 수 없다는 생각을 갖기 쉽다. 그러나 하나님이 주신 축복은 내 노력의 결과가 아니라는 것을 잊지 말아야 한다.

그러면 성도가 어떻게 하면 하나님의 축복을 받으면서 살아갈 수 있는가?

1. 주께 맡기는 신앙을 가지라

'맡긴다'는 문자적으로 '옮긴다, 굴리다, 신뢰하다'라는 뜻을 가지고 있다. 결국 맡긴다는 말은, 주님을 신뢰하는 믿음의 사람은 인생에서 문제가 발생할 때 내가 붙들고 염려, 근심, 걱정하는 것이 아니라, 주님을 신뢰하여 주님께로 굴려 옮겨 놓는다는 말인 것이다.

그리스도인이라고 할지라도 세상에서 살다가 보면, 생활 문제로 염려할 수 있다. 그러나 믿음의 사람은 염려하기보다는 믿고 신뢰하여 이겨 나아간다.

다음을 읽어 보고, 참된 신앙인의 염려 문제에 대한 신앙 태도를 알아보자.

☞ 합 3:17-18을 읽으시오. (p.1305)

....

....

....

2. 우선순위를 정하라

본문에서는 성도들이 하나님 나라 시민으로서 갖추어야 할 가치관을 제시한다. 즉, 하나님 나라 시민으로서 성도들은 무엇보다도 분명한 우선순위를 세워야 한다는 것이다. 그것은 자신의 사정에 따라 편승하는 것이 아니라 '먼저 하나님의 나라와 그 의를 구해야 한다'(33절)고 했다. 여기에서 '하나님 나라'를 구하라는 말은 현실을 무시한 채 하늘만 보고 살라는 말이 아니며, 삶의 우선순위를 하늘에 두고 살라는 것을 강조한 말이다. 주님은 지금도 당신이 삶의 우선순위를 어디에 두고 사는지에 깊은 관심을 가지신다.

그렇다면, 성경을 통해서 우선순위를 세운 사람을 찾아보자.

☞ 행 13:46-47을 읽으시오. (p.211)

☞ 고후 8:5을 읽으시오. (p.293)

3. 채워주심을 확신하라

바람직한 성도는 무엇을 주님께 얻을까에 관심을 갖기보다는 주님을 위하여 '무엇을 할까' 하고 고민하는 사람들이다. 시편에 다윗도 주님의 나라를 위하여 늘 염려하며 그 나라의 도래를 위해 기도하였다(시 127:1).

당신은 지금 무엇 때문에 염려하고 있는가? 혹, 세상 것에 대하여 염려하고 있는가? 이 염려 때문에 지금 주님을 위하여 일하던 것을 멈추려고 하지는 않는가?

하나님 나라 백성답게 과감하게 생각을 바꾸라! 지금 하나님의 초자연적인 기적을 보리라! 믿음의 사람은 오늘 내가 헌신할 때에 주님께서 채워주심을 확신하며, 기쁨과 보람으로 헌신 봉사하는 자이다.

다음을 읽어 봅시다.

☞ 고전 15:58을 읽으시오. (p.284)

나눔의 시간

1. 오늘의 말씀을 통하여 느낀 점이 무엇인지 이야기해 봅시다.

2. 염려되는 문제가 있을 때 어떻게 할지 말해 봅시다.

제45과

주님께 인정받는 일꾼이 되라

- 본문 / 고린도전서 9:26-27 (p.274)
- 찬송 / 502, 449, 488

할렐루야! 전도합시다!

먼저 네 눈 속에서

"적을 알고 나를 알면 백전 백승이다"라고 하는 말이 있다. 대부분의 사람들은 적에 대해서는 잘 알면서도 자신에 대해서는 잘 알지 못하는데 함정이 있다. 그래서 성경에는 "먼저 네 눈 속에서 들보를 빼라"(눅 6:42)고 했다. 바람직한 일꾼은 남을 보는 능력보다 자신을 바라보는 능력 배양에 더욱 힘쓰는 인격을 가져야 한다. 내가 하는 모든 일은 옳으면서 타인이 하는 사소한 일은 모두 가시처럼 느껴진다면 한 번쯤은 자신을 바라볼 수 있는 겸손한 자세가 필요하다. 이처럼 바람직한 일꾼은 자신을 제어하는 인격의 훈련이 필요하다. 그래서 주님께 인정받는 일꾼이 되자. 그렇다면, 주님께 인정받는 일꾼이 되기 위해 어떻게 해야 할 것인가?

1. 자신의 위치를 확인하라

성도는 교회를 위해 열정적으로 충성을 다짐해야 한다. 그러나 열정이 절제와 덕을 세우지 못하고 본연의 자세를 넘어설 때부터 문제가 된다. 이때에는 다른 사람이 자신에 대하여 평가해 주는 것마저도 시기라고 본다. 이런 일꾼은 언제나 시한폭탄과 같이 되기 쉽다.

스피드에 강한 자동차마다 제동장치도 더욱 강화된다. 때로 제동장치가 고장나면 무서운 흉기의 범주가 된다. 그러므로 청지기는 자신의 위치를 확인하고 그 위치를 지키려고 해야 하는 것이다.

교회에서 한 사람의 일꾼은 매우 중요하다. 교회의 청지기는 자기의 위치를 떠나지 않고, 월권하지 않고, 군림하는 자세로 하지 않고, 하나님의 일꾼으로 성실하고 진실된 자리를 지킬 때 그로 인하여 성도들의 본이 되고 교회에 부흥을 가져오게 된다.

다음을 읽고, 교회를 부흥으로 이끄는 모범이 되는 일꾼의 자세는 어떤가 살펴보자.

☞ 벧전 5:3-4을 읽으시오. (p.382)

....

....

....

2. 하나님의 뜻에 역행할까 조심하라

주님은 누구든지 자신이 하는 일에서 승리자가 되기를 원하신다. 그러나 운동 경기에서 승리의 면류관을 쓸 수 있는 사람은 스스로를 절제하고 거룩한 뜻을 품는 한 사람뿐이다. 마찬가지로 주님의 일꾼이 되기 위해서 절제하는 생활을 하여야 한다. 만약 복음을 전파하는 사람이 생활에서 본이 되지 못한다면, 하나님의 뜻을 가로막는 일이 되며 복음의 길이 막히게 된다.

모세가 아말렉과 싸울 때 그 백성들에게 가장 필요한 것은 전쟁을 위한 계획과 전략적인 전술이었을 것이다. 그러나 모세는 산에 올라갔다. 그리고 기도했다. 이때 아론과 훌은 모세의 양팔을 내려오지 않게 받들었다. 청지기들은 자신의 의견에 맞지 않는다고 자신의 고집만을 내세워서는 안 된다. 그뿐만 아니라 목회자를 붙들어 세울 줄 아는 자세가 가장 아름다운 청지기이다(출 17:10-16).

하나님의 뜻을 위해 얼마나 순종해야 하는지 다음 성경을 통하여 살펴보자.

☞ 고후 1:17-20을 읽으시오. (p.287)

....

....

....

3. 신앙의 이탈자가 되지 말라

교회는 각종의 사람이 모이는 곳이요, 이력서 가지고 들어오는 곳이 아니다. 그래서 특별한 사람들이 모이거나 잘 훈련된 사람들만이 모이는 곳이 아니다. 때로는 기대가 어긋나며 실망을 주는 사람도 있다. 그러나 교회의 참된 일꾼은 먼저 하나님 중심, 교회 중심, 성경 중심, 그리고 이 배경 속에서 헌신을 늘 점검하는 사람들을 중심으로 자신을 다듬어 나가며 섬길 줄 아는 자이다.

때때로 교회에서 목회자의 목회 방침에 반대하여 이탈하는 신앙의 이탈자가 나오기도 한다. 그러나 순종하지 않는 신앙인이 하나님을 기쁘게 할 수는 없다. 오직 그리스도인은 예수님을 정점으로 하여 목회자의 지도방침을 따라 하나가 되어 매진하는 자세가 필요하다.

☞ 엡 4:1-4을 읽으시오. (p.313)

....

....

....

....

나눔의 시간

1. 오늘 말씀을 통하여 느낀 점을 말해 봅시다.

2. 당신은 자신이 이기기 어려운 문제를 어떻게 이겨 승리하고 있는가?

제46과

교회와 바른 윤리를 가져라

- 본문 / 사도행전 17:11-15 (p.217)
- 찬송 / 282, 496, 516

할렐루야! 전도합시다!

신사적인 사람

바울과 실라가 뵈뢰아에서 전도활동을 하게 될 때 뵈뢰아 사람들은 말씀을 잘 들을 뿐만 아니라 그 말씀을 묵상하고 적용하여 실천에 옮겨서 교회 발전에 큰 힘을 제공하게 된 내용을 소개하고 있다. 여기에서 바울은 뵈뢰아 교인들을 말해서 '신사적이어서'라는 말을 표현하게 된다. 이 말은 본래 좋은 가문, 즉 귀족 출신을 의미하며, 그만큼 성품이 온화하고 심령이 고상한 사람이라는 의미가 있다.

바울 일행이 전도의 열정으로 복음을 전할 때 다양한 문화권에 있는 사람들을 만나면서 잊어버릴 수 없는 사람들이 있는 것처럼, 주님의 사역을 감당하면서 좋은 사람, 나쁜 사람을 구별할 수 없겠지만 특별히 기억나게 하는 사람, 잊을 수 없는 사람은 있는 것이다. 그렇다면, 주님의 교회에 유익한 성도가 되려면 어떻게 해야 할까?

1. 말씀을 듣고 실천하며 순종하는 자가 되라

아무리 많은 말씀을 알고, 분별할 만한 능력을 가진 성도라 할지라도 말씀을 듣고 믿음으로 순종하여 생활 속에 적용하지 않는다면 그것은 지식에 불과한 것이고, 성도의 삶에 변화를 줄 수 없다. 주님은 입만 무성한 성도를 원하지 않는다. 알고 있는 지식보다 실천에 강한 성도를 원하며 순종하는 성도를 원하신다. 그 이유는 하나님의 나라는 말에 있지 아니하고 오직 능력에 있기 때문이다(고전 4:20). 언제나 진리의 말씀을 통하여 자신을 조명해 보며 그 말씀이 있는 곳에 언제나 순종하는 일꾼이 되어 보자.

☞ 잠 16:28을 읽으시오. (p.929)

☞ 약 2:18을 읽으시오. (p.372)

2. 주인의식을 가지라

교회는 사람들이 모인 곳이지만 교회는 주님의 몸이요, 교회의 머리는 주님이시고, 교회의 주인도 주님이시다. 주님은 교회의 주인이므로 교회를 다스리고 계시고, 교회를 언제나 보호하신다. 어떤 면에서는 교회가 힘들 때가 많이 있다. 인간의 생각을 넘어서는 어려움도 있다. 그러나 그 교회의 주인은 제한되고 유한한 사람이 아니라 무한하신 주님이시라는 것이다. 그 교회에는 지체가 있는데 그 지체는 바로 성도들이다. 성도가 예수 그리스도의 교회의 지체라면 우리는 어떤 자세로 교회와 구역을 섬길 것인가? 늘 손님인가? 구경꾼인가? 종업원인가? 주인이라면 의식이 달라야 한다. 아끼고 사랑하고 관심을 가지고 돌아볼 줄 알아야 하고 때때로 고난도 짊어질 줄 알아야 한다. 당신이 섬기고 있는 교회의 주인은 누구인가?

다음 성경에서 구체적으로 살펴보고 주인의식을 배우자.

☞ 요삼 1:8-11을 읽으시오. (p.395)

3. 교회의 이미지를 세우는 자들이다

그 교회를 알려면 그 교회 성도들을 보면 안다는 말이 있다. 모든 성도들은 그 교회의 대명사이다. "나 하나쯤 어떻겠는가?" 하는 포기의 마음은 교회를 좀먹게 하는 무서운 마음이다.

'뵈뢰아' 하면 떠오르는 것이 무엇인가? 그것은 '신사적인 교인' 이라는 것이다. 이처럼 성도들의 의무를 잘 감당하는 교회는 좋은 소문으로 복음의 큰 문이 열린다.

교회를 위해 좋은 이야기로 소문을 내고 부정적이고 부덕한 말은 내게서 멈추어 전달되지 않게 하는 좋은 성도들이 되어야 한다. 교회는 주님의 몸 된 곳이기 때문이며 지상명령을 수행하는 곳이기 때문이다. 주님은 교회를 보호하고 아낄 줄 아는 성도뿐 아니라 비방하는 자들을 지금도 보고 계신다.

☞ 수 2:3-7을 읽고 요약하여 설명해 보시오. (p.321)

4. 교회의 비품을 아끼는 자들이다

요즘 교회에는 고급화된 장비들이 복음을 위해 다양하게 준비되었다. 그러나 일부 성도들은 교회의 비품을 개인의 편리를 도모하기 위해 마구 남용하거나 함부로 관리하고 소홀히 여겨 쉽게 파손되어 교회 재산에 막대한 손실을 가져오는 경우가 있다. 하나님은 복음을 위하여 구별되게 이용되기를 원하신다. 교회의 성물들은 주인의식된 바른 마음으로 관리되어야 하며 교회의 충성스러운 청지기들이 힘써 보호해야 할 기물들이다.

☞ 단 5:1-9을 읽으시오. (p.1240)

나눔의 시간

1. 오늘 말씀을 통하여 느낀 점을 서로 토의해 보도록 하자.

2. 우리 교회의 좋은 이미지를 위해 한 가지 제언을 해 봅시다.

제47과

목회자와의 바른 윤리를 가져라

- 본문 / 갈라디아서 6:6-16 (p.308)
- 찬송 / 488, 569, 212

할렐루야! 전도합시다!

신뢰와 존경과 섬김의 마음으로

목회자 없는 교회가 바르게 존재할 수 없고, 성도 없는 교회가 있을 수 없다. 교회는 성도들을 훈련하여 주님의 지상명령을 수행하는 하늘의 기관이다. 성도가 말씀을 사역하는 목회자와 좋은 관계를 맺고, 목회자를 신뢰하여 따를 때에 성도들은 영적인 풍요로움을 소유할 수 있게 된다.

예수님은 주님의 종들에게 기름 부으시고 오른손으로 붙잡으시고 교회들을 맡기셨다. 성도는 언제나 신뢰와 존경과 섬김의 마음을 가져서 하나님의 말씀을 전달하는 목회자와 좋은 통로가 개설되어져야 한다.

이런 성도들이 되려면 몇 가지 지켜야 할 윤리가 있다.

1. 좋은 것으로 선을 행하라

그리스도의 법은 마음을 다하여 하나님을 사랑하는 것이며, 이에 멈추지 않고 우리의 이웃을 내 몸과 같이 사랑하는 것임을 일상생활과 관련하여 설명하고 있다. 이러한 사랑의 실천은 그리스도 자신의 삶 전체에서 찾아볼 수 있는 것으로 바울은 이 점을 상기하면서(행 10:38), 모든 이들에게 어떠한 환경 속에서도 적극적으로 선을 행할 것을 가르친다. 특별히 바울은 본문에서 교역자에게 대하여 물질적으로 도와야 하는 것을 가르치고 있다.

아브라함은 마므레 상수리나무 밑에 앉아있을 때 지나가는 나그네 세 사람을 대접했는데, 그 세 사람은 하나님과 천사들이었다.

다음을 읽고, 어떤 때에 천사를 대접하게 되었는지 알아보자.

☞ 히 13:1-2을 이후를 읽으시오. (p.368)

....

....

....

2. 예의를 잘 지켜라

교회의 직분자들이 목회자와 자주 만나며 허심탄회하게 의논하고 대화를 나누다 보면, 목회자와 성도 사이에 허물없이 친해지는 경우가 있는데 이는 매우 본받을 점들이다. 그러나 그렇다고 해서 목회자를 우롱하거나 농담 또는 무례한 언행을 사용하는 행위는 좋은 청지기는 아닐 것이다. 청지기는 목회자와 가까울수록 예의의 범주를 벗어나서는 안 되며, 언제나 예의를 갖추고 대화의 자리를 마련해야 영육 간의 유익을 얻게 된다.

☞ 롬 16:1-2을 읽으시오. (p.260)

....

....

....

3. 대적하거나 맞서지 말라

목회자에게도 때로는 복음을 전하는 일에 있어서 실수하는 경우도 없지 않다. 그리고 그 여파로 목회자가 상처받는 만큼이나 성도의 마음도 상하게 될 때가 있다. 그렇다고 어떠한 이유를 막론하고 대적하거나 대항하는 자세로 맞서는 행위는 바람직하지 않다. 그럼 어떻게 하는 것이 슬기롭게 하는 것인지 살펴보자.

※ 왜 대적하지 말아야 하는가? 그것은 어떤 행위도, 갚는 일도 사람에게 있는 것이 아니라 하나님께 있기 때문이다.

☞ 삼상 24:5-7을 읽으시오. (p.449)

☞ 롬 12:19-21을 읽으시오. (p.256)

4. 물질로 후원자가 되라

교회가 목회자를 재정적으로 짐을 지우게 해서는 안 된다. 목회자가 기도하는 것과 말씀 전하는 것에 전념하게 해야 할 의무가 성도에게 있다(행 6:3-6). 어디에서나 복음을 위해 나설 때 물질이 없어서 주의 일을 하고 싶어도 할 수 없는 일이 발생되어서도 안 된다.

그렇다면, 성도들이 목회자의 어떤 후원자가 되어야 할 것인가? 그리고 그 이유는 무엇인가? 생각하고 주님의 영광을 나타내는 본 교회의 칭찬받는 청지기가 되자.

☞ 갈 6:6을 읽으시오. (p.308)

나눔의 시간

1. 오늘의 본문을 통해서 느낀 점을 말해 봅시다.

2. 당신은 목회자와 더욱 바람직한 예의를 지키기 위해 어떻게 했는가?

제48과

부활의 소망을 갖자

- 본문 / 누가복음 24:1-12 (p.139)
- 찬송 / 161, 165, 164

할렐루야! 전도합시다!

세상을 이기신 주

예수께서 죽은 지 사흘째 되는 안식 후 첫날 이른 아침 동트기 전에 막달라 마리아와 다른 마리아가 예수의 시체에 향품과 향유를 바르기 위해서 예수의 무덤이 있는 곳을 찾아왔다(마 28:1). 저들이 올 때에는 돌문 때문에 근심하면서 왔지만, 무덤에 가까이 왔을 때에 갑자기 그곳에 큰 지진이 났으며, 굴 입구를 막았던 돌이 굴러 내려가고 없었다. 여자들이 걱정 반, 기쁨 반으로 돌무덤의 안을 들여다보니 예수의 시체는 없었다. 여자들이 이로 인해서 어떻게 할까하고 근심하고 있는데, 찬란한 옷을 입은 주의 천사가 곁에 다가와서 "어찌하여 산 자를 죽은 자 가운데서 찾느냐? 여기 계시지 않고 살아나셨느니라" 하고 말해 주었다. 예수는 죽음의 권세를 이기시고, 무덤 문을 여시고 부활하여 부활의 주가 되셨던 것이다.

그렇다면, 오늘날 2천 년 전의 예수의 부활이 우리에게 주는 영적인 교훈은 무엇인지 생각해 보자.

1. 예수 부활은 역사적인 사실임을 교훈한다

우리는 을지문덕 장군이나, 이순신 장군을 본 적이 없다. 그렇지만 우리는 우리나라의 역사의 기록들을 보고서 그들이 분명히 살았던 실존 인물임을 안다.

마찬가지로 예수의 탄생이나, 죽음, 그리고 부활의 모든 사건은 이스라엘의 역사 기록이다. 예수의 부활 사건은 오늘 본문에 보면 여자들이 보았다고 기록하고 있는데, 이 여자들은 막달라 마리아와 다른 마리아였다(마 28:1). 그리고 예수의 부활은 그 여자들만 본 것이 아니라, 그 당시 수많은 사람들에 의해서 목격된 역사적 사실이다. 믿음은 예수의 부활을 과학적으로 증명하려고 하는 것이 아니고, 역사적인 부활의 사실을 믿음으로 "아멘!" 하여 받아들이는 것이다. 그래서 예수 부활을 내 신앙으로 만들어야 한다.

☞ 고전 15:3-8을 읽으시오. (p.281)

....

....

....

2. 예수의 부활은 예수가 약속하신 구세주이심을 교훈한다

예수의 부활 사건은 예수가 이 땅에 오셔서 구원사역을 이루고 있는데, 유대인들과 로마 군병들에 의해서 예고 없이 죽었기 때문에 하나님께서 구원사역을 이루기 위해서 어쩔 수 없이 예수를 죽은 자 가운데서 부활시킨 그런 사건이 아니다. 예수의 부활 사건은 갑자기, 우연히 발생한 사건이 아니고, 이미 수백 년 전부터 성경에 선지자들을 통해서 예언된 메시아요, 구세주의 증거를 우리에게 보여 주는 사건이었다.

다음을 읽고, 예수의 메시아성을 알아보자.

☞ 사 53:1-11을 읽으시오. (p.1032)

3. 예수의 부활의 사건은 재림 사건도 확실하다는 교훈이다

예수의 부활이 하루 아침에 갑작스럽게 이루어지지 않은 것처럼, 예수의 재림 사건도 수천, 수백 년 전부터 우리에게 예언되어 온 말씀이다. 예수 부활의 사건은 부활이 성경대로 이루어진 것처럼, 예수의 재림 사건도 반드시 성경에 예언된 대로 이루어진다는 교훈을 우리에게 보여 준다.

☞ 행 1:9-11을 읽으시오. (p.187)

4. 예수 부활은 사망권세가 무너졌음을 교훈한다

어떤 사람은 사람이 태어나는 순서는 있지만, 죽는 데는 순서가 없다고 했다. 요즈음 달나라를 가고, 화성을 탐사하는 과학 만능시대에도 현대 과학이 도저히 해결할 수 없는 인간의 문제는 죽음이라는 문제이다. 사람들은 죽음을 해결해 보려고 별의별 연구를 다하고 있다. 그렇다고 해서 인간이 죽지 않을 방법이 있는가? 아무리 과학이 발전하고 연구에 연구가 거듭되어도 인간은 여전히 죽을 운명에 처할 수밖에 없는 슬픈 운명이다.

그렇다면, 이런 인간의 죽음의 문제를 해결한 분은 누구인가? 바로 부활하신 주 예수이심에 감사하자.

☞ 요 11:25-26을 읽으시오. (p.165)

나눔의 시간

1. 오늘의 말씀을 통해서 느낀 점을 말해 봅시다.

2. 우리의 이웃에 부활신앙을 전달해 줄 방안을 찾아보자.

제49과

네 부모를 공경하라

- 본문 / 출애굽기 20:12 (p.112)
- 찬송 / 302, 263, 579

할렐루야! 전도합시다!

최초의 학교

어떤 사람이 "역사는 인간이 만들고, 인간은 어머니가 만든다"라는 말을 했다. 인간 최초의 학교는 어머니의 태요, 무릎이다. 이 학교는 교실도 하나요, 교사도 한 사람이다. 제아무리 위대한 능력과 지위를 자랑하는 사람이라고 할지라도 어머니의 영향을 받지 않고, 어머니의 사랑과 훈육 없이 자란 사람은 없다. 이런 이유 때문에 사람은 누구나 부모 공경을 해야 한다는 것은 시대, 나라, 인종, 종교를 초월하여 강조하는 인륜의 법칙이다.

어버이날은 나를 낳아주시고, 길러주신 부모님의 은혜에 대한 회상을 하면서, 아울러 그 부모님께 대하여 효를 어떻게 할 것인지를 생각하며, 우리의 결심을 새롭게 하는 시간이다.

그렇다면, 우리가 부모 공경을 실천해야 할 이유는 무엇인가?

1. 그것은 하나님의 명령이기 때문이다

하나님은 이 세상에 만물을 창조하시면서 6일째 되는 날에 사람을 창조하셨다. 그리고 사람이 땅에서 생육하고 번성하여 살게 했는데, 그 방법은 자손의 번성이다. 오늘 우리가 이 세상에 있게 된 것은 바로 우리를 낳아주신 부모님이 있기 때문이다. 그래서 십계명 중에 사람에 대한 계명의 첫 번째 계명인 제5계명에서 제일 먼저 부모 공경에 대하여 언급하시고, 명령을 하셨다.

☞ 출 20:12을 읽으시오. (p.112)

....

....

....

2. 그것은 사람의 마땅한 본분이기 때문이다

이 땅에 태어난 어떤 동물도 부모의 도움 없이 자기 혼자 힘으로 자란 동물은 없다. 오늘의 나라고 하는 존재가 오늘의 위치와 자리에 있게 된 것 역시 부모의 절대적인 도움이 있었으며, 부모의 후원과 기도가 있었기 때문에 가능하게 되었다는 것을 기억하라.

그렇다면, 우리가 부모 공경을 실천하는 것은 지극히 당연한 일이요, 자녀된 자의 마땅한 본분이라고 할 수 있다.

☞ 엡 6:1을 읽으시오. (p.316)

....

....

....

3. 그것은 축복의 지름길이 되기 때문이다

하나님은 이 땅에 하나님의 백성들을 택하여 주시고, 우리의 신앙과 생활의 기준으로 성경을 주셨다. 그래서 자기 백성들이 그 말씀대로 살기를 원하셨으며, 그 말씀대로 살 때에는 축복을 주신다고 약속하셨다. 그런데 하나님의 약속 중에 하나가 부모에게 효도를 하는 자녀에게는 축복을 주신다고 하신 것이다.

☞ 엡 6:2-3을 읽으시오. (p.316)

4. 우리는 효를 어떻게 실천할 것인가?

자고로 패륜 자식이 잘되었다는 말은 들어본 적이 없다. 그러나 부모 공경을 잘한 자녀가 축복받고 산다는 말은 많이 들었다. 그러므로 이 땅에서 하나님이 주시는 복을 받아서 잘되며, 축복의 삶을 살기 원한다면 효도를 실천하는 자녀가 되자.

① 영혼이 잘되게 하는 것이 효도 중에 효도이다.

인간의 육신은 아무리 행복하게 한다고 할지라도 백 년이면 끝나지만, 인간의 영혼은 영원히 죽지 않고 천년만년 영생토록 있는 것이다. 이런 면에서 이 땅에서 가장 큰 효도 중에 효도는 내 부모가 예수 믿고 구원받게 해드리는 것이라고 할 수 있다. 그러므로 아직까지 구원받지 못한 부모님이 있다면, 예수를 믿고 구원받게 해드리는 것이 가장 큰 효도인 줄로 알고 이 문제를 위해서 집중적으로 기도하는 것이 중요하다.

☞ 행 16:31을 읽으시오. (p.216)

② 마음을 편하게 해 드리는 것이 효도 중에 효도이다.

잘 입고 잘 먹는 것보다 중요한 것은 마음이 편한 것이라는 말이 있다. 마음이 불안하고 불편하면 산해진미를 먹고, 값진 옷을 입는다고 할지라도 기쁠 리가 없다. 그러므로 부모의 마음을 편안하고 기쁘게 해 드리는 것이 효도 중에 효도인 것이다. 마음을 기쁘게 해 드리는 것은 부모의 마음을 미리 읽어서 내 마음을 표현하는 것이다.

☞ 잠 23:25-26을 읽으시오. (p.937)

나눔의 시간

1. 오늘의 말씀을 통해서 느낀 점을 말해 봅시다.

2. 불신 부모의 영혼 구원을 위해서 구역에서 함께 기도하자.

제50과

맥추절을 지키라

- 본문 / 신명기 16:9-12 (p.287)
- 찬송 / 496, 588, 591

할렐루야! 전도합시다!

절기

신약교회에서는 보통 네 가지 큰 절기를 지키는데, 성탄절, 부활절, 맥추절, 추수감사절을 지킨다. 그리고 구약에서는 3대 절기를 지키는데 보통 유월절, 추수절, 맥추절이다.

유월절은 애굽에서 430년간 노예로서의 압박과 설움 속에서 살다가 하나님이 모세를 통해 애굽에서 속량해 내신 해방을 기념하는 절기이다. 추수절은 수장절, 또는 장막절이라고도 하는데, 이는 가을에 추수를 끝낸 후에 모든 곡식을 창고에 들이고 나서 하나님께 감사제사를 드리는 절기이다. 맥추절은 유월절이 지난 50일 만에 지키는 절기라고 해서 칠칠절, 오순절이라고도 하며, 첫 곡식인 밀과 보리를 거두어 먹게 된 것을 감사하는 절기이다.

1. 맥추절에 나타난 은혜는 무엇인가?

구약시대에는 맥추절에 하나님의 백성들이 하늘나라의 계명대로 살 수 있도록 십계명을 주셨으며, 신약시대에는 오순절에 성령님을 보내시어 교회가 시작되었다.

하나님께서 구약의 광야시대에 십계명을 주신 것은 광야의 험한 시대에 말씀을 붙들고 승리하면서 살도록 하심이며, 신약시대에 성령님을 보내신 것은 성도들이 광야같이 험한 세상을 승리하면서 성령 충만으로 살아가야 한다는 것을 가르쳐 주시기 위함이었다. 그런 의미에서 맥추절에 신자는 말씀 충만과 성령 충만의 삶을 회복하는 절기로 만들어 가야 한다.

다음을 읽고, 말씀 충만과 성령 충만의 비결을 알아보자.

☞ 신 6:4-9을 읽으시오. (p.270)

....

....

....

☞ 행 2:37-41을 읽으시오. (p.190)

....

....

....

2. 맥추절을 어떻게 지켰는가?

① 자신이 받은 복을 헤아려 보았다.(10절 a)

인간은 망각의 동물이라고 했다. 망각의 유익점은 슬픔, 괴로움, 실패 등의 사건들에 사로잡히지 않을 수 있다는 점이다. 그러나 사람이 부정적인 것들에 대하여서는 망각하는 것이 유익하지만, 하나님께 받은 은혜까지 망각하는 자가 되면 안 된다.

구약의 성도들은 맥추절을 지킬 때마다 그동안 내가 하나님께 받은 바 은혜와 축복이 무엇인지를 헤아려서 하나님의 은혜와 축복을 다시 한 번 회상하면서 맥추절을 지켰다.

☞ 미 6:5을 읽으시오. (p.1295)

② 자원하는 예물로 감사했다.(10절 b)

그동안 자기가 하나님께 받은 바 은혜와 축복이 무엇인지에 대하여 회상해 보면서 추억해 본 이스라엘 백성들은 하나님께서 주신 복을 따라 자원하는 마음으로 예물을 준비하여 감사의 제사를 드렸다. 특별히 맥추 절기는 그 해의 처음 익은 농산물로 하나님께 감사하는 절기이다.

이와 같이 맥추 절기를 잘 지킨 자에게 주시는 축복은 무엇인가?

☞ 잠 3:9-10을 읽으시오. (p.913)

③ 화목하는 절기로 지켰다.(11절)

성경을 자세히 읽어 보면, 신구약 교회의 특징 중에 하나는 맥추절기에 화목하는 일을 하였다는 것이다. 햇곡식을 먹기 전에 그동안 형제들끼리 서로 싸우고, 다투거나 섭섭한 것이 있을 때에 그것을 그대로 가슴에 쌓아 두고 서로 원수처럼 지낸 것이 아니라, 맥추 절기에 햇곡식을 먹으면서 서로 용서하면서 화목하는 날로 지킨 것이다.

☞ 고후 5:17-19을 읽으시오. (p.291)

④ 전도하는 날로 지켰다.

예수님이 부활하기 전까지 초대교회의 제자들과 성도들은 모두가 실망하여 예수를 버리고 고향으로 낙향하였으며, 어느 곳에서든지 예수를 전하지 못했다. 그러나 초대교회의 성도들은 맥추절인 오순절에 성령을 받았으며, 이때부터 이웃에 예수는 다시 살아나셨고, 우리 죄를 해결해 주시는 구원자라고 전도하기 시작했다.

다음을 읽어 보고, 오순절에 베드로의 전도를 통해서 구원받은 자들이 얼마나 되는지에 대하여 알아보자.

☞ 행 2:37-41을 읽으시오. (p.190)

나눔의 시간

1. 오늘의 말씀을 통해서 느낀 점을 말해 봅시다.

2. 주님의 은혜를 회상하여 받은 은혜를 간증해 보자.

제51과

풍성한 수확의 법칙을 알자

- 본문 / 갈라디아서 6:7-10 (p.309)
- 찬송 / 589, 591, 588

할렐루야! 전도합시다!

기대

교회에서는 해마다 큰 네 가지 절기를 지킨다. 봄에 부활절과 여름의 맥추절이며, 가을에는 추수절이고, 겨울에는 성탄절을 지킨다. 그리스도의 성탄과 함께 우리가 구원의 씨앗을 뿌렸고, 그리스도의 부활과 함께 우리가 구원의 역사에 동참하였으며, 오순절 성령의 역사로 구원에 대한 확증을 얻은 것이며, 감사절기는 우리가 구원의 열매를 맺어서 기뻐하고 감사하는 절기이다. 농부가 씨를 뿌리고 난후에 가을에 풍성한 추수를 기대하듯이, 우리도 금번 추수절을 맞이하여 영육 간에 어떻게 하는 것이 풍성한 추수를 기대하는 것인지 생각해 보자.

1. 좋은 씨를 뿌리자

오늘 본문 7절에 보면 "사람이 무엇으로 심든지 그대로 거두리라"라는 말이 있다. 농사의 성공 여부는 좋은 씨앗을 선택하는데 달려있다는 것을 의미한다. 농부가 잘못된 씨앗을 심고서 좋은 추수를 기대할 수 없듯이, 인생에도 잘못된 씨앗을 심고서 좋은 결과를 기대할 수 없는 것은 자명한 것이다. 이런 의미에서 우리 그리스도인의 영적 농사의 제일법칙은 좋은 씨앗을 심는 일인데(마 13:24 참고), 신자가 심을 좋은 씨앗은 그 안에 생명이 살아있는 씨앗을 의미한다. 그렇다면, 신자가 심어야 할 생명의 씨앗은 무엇인가?

☞ 갈 6:8을 읽으시오. (p.309)

....

....

....

2. 좋은 땅에 심으라

우리나라 속담에 "콩 심은 데 콩 나고, 팥 심은데 팥 난다"라는 말이 있다. 그 씨앗은 무엇을 뿌렸느냐에 따라서 그 결과가 달라진다는 것을 의미하는 말이다. 그런데 우리가 여기서 생각해 보아야 할 것은 아무리 좋은 씨앗을 뿌렸다고 할지라도 그 씨앗을 뿌리는 땅의 성질이 좋은지, 혹은 나쁜지에 따라서 수확도 달라진다는 것이다. 이런 의미에서 성경은 좋은 씨앗을 옥토에 뿌려야 할 것을 가르친다.

☞ 마 13:3-8을 읽으시오. (p.20)

....

....

....

※ 땅을 옥토로 만드는 비결은 굳은 땅, 묵은 땅을 갈아엎어서 그 안에 있는

돌들을 걸러내고, 잡초들을 뽑아낸 후에 자양분이 풍성한 거름을 주는 일이다. 그렇다면, 신자가 심령을 옥토로 만들기 위해서 가장 시급한 일에 대하여 예수님은 어떻게 말씀하셨는가?

☞ 마 4:17을 읽으시오. (p.4)

....

....

....

3. 비전을 갖고 심으라

농부는 씨앗을 뿌릴 때에 아무런 생각 없이 씨를 뿌리는 것이 아니라, 추수 때의 풍성한 모습을 그려보면서 밭을 갈고, 잡초를 제거하며, 거름을 주고, 씨를 뿌린다. 농부가 이런 꿈과 비전을 갖고 농사를 짓는 것은 농사를 지으면서 오는 여러 가지의 힘든 일들을 능히 극복해 내는 중요한 원동력이 된다.

그리스도인들이 주님의 일을 하면서 어떤 어려움과 시련이 온다고 할지라도 낙심이나 절망하지 않고 더욱 헌신하며, 능히 극복해 낼 수 있는 비결은 풍성한 축복에 대한 비전과 소망이 있기 때문이다.

☞ 갈 6:9을 읽으시오. (p.309)

....

....

....

☞ 고후 9:10을 읽으시오. (p.295)

....

....

....

4. 감사하면서 사는 자가 되자

사회에서도 자기가 살면서 은혜를 입고 산다고 생각하는 사람은 그런 사실에 대하여 감사를 하면서 이웃을 섬기고 봉사하는 일을 보람으로 여기는 것을 본다. 우리가 이 세상에 태어날 때에 우리들이 가지고 태어난 것은 아무것도 없다. 지금 우리가 누리고 사는 모든 것들은 하나님께서 우리들에게 축복해 주신 것이다. 신자가 내가 가지고 있는 모든 것이 주님께서 은혜로 주신 것이라는 사실을 인정할 때에 참된 감사의 고백과 헌신, 봉사가 나온다.

추수절은 바로 하나님이 베풀어 주신 은혜에 대한 감사 제사를 드리는 절기요, 이웃에게 우리의 봉사와 헌신을 다짐하는 시간이다.

그렇다면, 특별히 우리가 하나님의 사랑과 은혜에 감사한 마음을 가지고 그리스도 안에서 어떤 일들을 해 나가야 할 것인가?

☞ 갈 6:10을 읽으시오. (p.309)

나눔의 시간

1. 오늘의 말씀을 통해서 느낀 점을 말해 봅시다.

2. 구역에서 주의 이름으로 이웃에게 봉사할 방안을 찾아보자.

제52과

큰 기쁨의 소식을 듣자

- 본문 / 누가복음 2:8-14 (p.89)
- 찬송 / 109, 112, 123

할렐루야! 전도합시다!

말씀이 육신되어 오신 예수

전통적으로 팔레스타인에 거주하는 이스라엘인들은 목축업을 생업으로 삼고 있었다. 지금도 중동지역과 팔레스타인 지역에 가면 목축을 하는 사람들이 많다. 그래서 그들은 양고기와 버터, 빵을 주식으로 하고 있다.

오늘 본문에 보면, 양을 치는 소년들의 이야기가 나온다. 팔레스타인의 양치는 모습을 보면, 낮에는 양을 자유로 풀을 뜯게 하였다가, 밤이 되면 도둑과 이리를 막기 위해서 양을 모아 양의 우리 안에 들이고, 목자가 양의 우리를 밤새도록 지킨다. 하루는 목자가 밤이 되어 양의 우리를 지키고 있는데, 갑자기 빛으로 주변이 환해지는 현상이 나타났다. 목자들이 '무슨 일이 일어났는가'

하고 무섭고 두려워 떨고 있는데, 천사가 나타나서 목자들에게 무서워 말라고 하면서 메시아 구주가 나셨다는 소식을 전해준다. 천사가 전해준 그 소식의 주인공이 바로 인류를 죄에서 구원해 줄 구세주이신 예수 그리스도이시다. 그렇다면, 천사는 목자들에게 예수님의 탄생을 알리면서 어떤 말을 했는가?

1. 무서워 말라고 했다(8, 10절)

지금부터 2천 년 전에 팔레스타인 지역의 목자들이 광야에서 밤을 맞는다는 것은 참으로 두려운 시간이다. 왜냐하면 언제 어디서 도적 떼가 나타나서 저들을 해하고 양 떼들을 훔쳐갈지 모르는 상황이기 때문이다. 그런데 밤에 목자들이 밖에서 양 떼를 지킬 때에 갑자기 주변이 환해지면서 천사들이 나타나 두려워 말라고 하면서 예수 탄생에 대한 소식을 들었다.

오늘날에 '밤' 이란 말은 죄와 사탄이 활동하는 어두움의 시간이요, 인간의 영혼이 고통 당하는 영적인 어두움의 시간을 의미한다. 예수님은 깜깜한 밤처럼 어두워진 인간의 영혼과 양심을 비추기 위해서 오신 분이시다. 목자들이 천사들의 출현으로 처음에는 두려워했지만, 구주 예수의 탄생 소식으로 두려움이 변하여 기쁨이 되어 주님을 찬미했는데, 우리도 주님 안에서 두려움을 물리치고 영광과 찬미를 드리자.

☞ 사 43:21을 읽으시오. (p.1020)

....

....

....

2. 큰 기쁨의 좋은 소식이 있다고 했다(10-11절)

이 세상에는 우리가 들어서 기쁜 소식들이 많이 있다. 병들었던 사람의 건강이 회복되었다는 소식도 기쁜 소식이고, 대학 입시에 합격했다는 소식도 좋은 소식이며, 사업이 잘되고 번창한다는 소식도 좋은 소식이고, 여러 가지 문제가 해결되었다는 소식도 좋은 소식이다.

그런데 이 세상의 어떤 소식보다도 기쁘고 좋은 소식이 있다면, 바로 죄와 고통 가운데서 인간을 구원해 줄 구세주 탄생에 대한 복된 소식이다. 오늘 본문에 보면, 천사가 목자들에게 이 세상의 어떤 소식보다도 크고 좋은 소식을 전해주겠고 했는데, 바로 다윗의 동네에 구주가 나셨다는 소식이다(10, 11절).

그렇다면, 예수 탄생의 소식이 큰 기쁨의 좋은 소식이 될 수밖에 없는 이유는 무엇인가?

① 예수는 죄에서 인간을 구원하기 위해서 오신 구주이기 때문이다.

성경에 보면, "의인은 없나니 하나도 없으며"(롬 3:10)라고 했다. 그런데 예수께서 오시기 전에는 우리의 죄 문제를 해결할 방법이 없었다. 하지만 예수께서는 이 땅에 오셔서 우리 인간의 죄 문제를 해결하였다. 예수는 우리의 죄를 해결하여 하나님의 거룩한 백성이 되게 하였으니 큰 기쁨의 소식이 당연하다.

☞ 히 9:12, 22을 읽으시오. (p.361, 362)

……………………………………………………………………………………

……………………………………………………………………………………

……………………………………………………………………………………

② 예수는 우리를 사망의 권세에서 해방시켜 주었기 때문이다.

인간은 죽을 수밖에 없는 죄인이다. 자기의 힘과 노력으로서는 도저히 살 수 없는 그런 죄인이다. 그런데 예수님께서 십자가에 달려 돌아가시고 우리를 위해서 피 흘리심으로 새 생명을 주셨다. 이 놀라운 은혜와 사랑이 우리의 생명을 살린 것이다. 그러니 예수 탄생의 소식은 크고 기쁜 소식이다. 하나님의 은혜를 받은 자는 감사하면서 살아가는 것뿐 달리 갚을 길이 없다.

☞ 요 5:24을 읽으시오. (p.150)

③ 예수님은 우리에게 평화를 주시려고 오셨다.

어떤 사람은 말하기를 "불교의 분위기는 초상집처럼 음산하다. 하지만 기독교는 초상집을 가 보아도 잔칫집처럼 밝다"라고 했다. 그렇다면, 어떻게 이렇게 될 수가 있는가? 그것은 예수님이 임마누엘로 함께하신 곳은 어떤 장소이든지, 영광과 평화가 넘쳐나기 때문이다.

☞ 눅 2:14을 읽으시오. (p.89)

☞ 마 1:23을 읽으시오. (p.2)

나눔의 시간

1. 오늘의 말씀을 통해서 느낀 점을 말해 봅시다.
2. 불교의 절에 갔었던 경험이 있다면 그때의 마음과 예수 믿고 난 다음의 마음 상태가 어떻게 달라졌는지를 말해 봅시다.

Memo

NEW
행복한 구역

증보발행일 2016년 10월 17일
수정1쇄 2016년 10월 21일

지은이 신정석
펴낸이 장사경

펴낸곳 도서출판 예수사랑 (Grace 은혜출판사)

주소 서울 종로구 숭인 2동 178-94
전화 (02) 744-4029 팩스 744-6578
출판등록 제 1-618호(1988. 1. 7)

ISBN 978-89-7917-979-8 04230
ISBN 978-89-7917-919-4 04230 (세트)

국립중앙도서관 출판예정도서목록(CIP)

(New) 행복한 구역 / 지은이: 신정석. -- 서울 : 예수사랑 :
Grace 은혜출판사, 2016
p. ; cm

ISBN 978-89-7917-979-8 04230 : ₩6000
ISBN 978-89-7917-919-4 (세트) 04230

기독교 교육 교재[基督敎敎育敎材]

235.74-KDC6
268.4-DDC23 CIP2016022925